Joachim Illies

Christa Meves / Joachim Illies
Lieben – was ist das?
Ein Grenzgespräch zwischen Biologie und Psychologie
Band 362 · · 128 Seiten, 9. Aufl.

Die Sache mit dem Apfel
Eine moderne Wissenschaft vom Sündenfall
Herausgegeben von Joachim Illies
Band 447 · · · 176 Seiten, 3. Aufl.

Umwelt und Innenwelt
Bewußtseinswandel durch Wissenschaft
Band 487 · 128 Seiten

Zoologeleien
Band 502 · 128 Seiten, 2. Aufl.

Biologie und Menschenbild
Band 526 · · 128 S

in der Herderbücherei

Christa Meves

Manipulierte Maßlosigkeit
Psychische Gefahren im technisierten Leben
Band 401 · · 140 Seiten, 15. Aufl.

Wunschtraum und Wirklichkeit
Lernen an Irrwegen und Illusionen
Band 433 · · 160 Seiten, 7. Aufl.

Die Bibel antwortet uns in Bildern
Tiefenpsychologische Textdeutungen
im Hinblick auf Lebensfragen heute
Band 461 · · 160 Seiten, 6. Aufl.

Ehe-Alphabet
Band 485 · · 128 Seiten, 7. Aufl.

Kinderschicksal in unserer Hand
Erfahrungen aus der psychagogischen Praxis
Band 501 · · 160 Seiten, 3. Aufl.

Freiheit will gelernt sein
Band 517 · · 144 Seiten, 2. Aufl.

Christa Meves / Joachim Illies
Lieben – was ist das?
Ein Grenzgespräch zwischen
Biologie und Psychologie
Band 362 · · 128 Seiten, 9. Aufl.

in der Herderbücherei

Herderbücherei

Band 432

Steht die Menschheit vor ihrem Selbstmord durch technischen Fortschritt? Der bekannte Biologe Illies setzt sich als Wissenschaftler und Christ mit der Frage auseinander, welche Beiträge von Wissenschaft und Kirche, von der Gesellschaft und vom einzelnen gefordert sind, damit eine humane Gestaltung der Zukunft des Menschen gewährleistet ist. Er geht davon aus, daß die Phase überwunden ist, in der sich Wissenschaft und Glaube als Feinde gegenüberstanden. Heute geht es um die gemeinsame Verantwortung angesichts einer gefahrvollen Zukunft, die Wissenschaft und Kirche zu Partnern macht und das aktive Engagement des einzelnen in beiden Bereichen unserer geistigen Wirklichkeit erfordert. Wie kann der aktive Mißbrauch von Forschungsergebnissen auf dem Gebiet der Biotechnik verhindert werden? Wie kann die Menschheit vor der „schönen neuen Welt" des Biologen A. Huxley bewahrt werden? Wie findet die Menschheit ihren Weg in die Zukunft zwischen den Gefahren einer utopischen Überhöhung technischen Fortschrittsglaubens und einer unreflektierten Wissenschaftsfeindlichkeit? Die Chance für eine menschenwürdige Zukunft liegt im verantwortungsvollen Gespräch und der gemeinsamen Aktion von Wissenschaft und Glaube.

Joachim Illies, geboren 1925, Studium der Biologie in Göttingen und Kiel; Professor für Zoologie an der Universität Gießen und Leiter der Außenstelle eines Max-Planck-Instituts in Schlitz/Hessen, verheiratet und Vater von vier Kindern. Zahlreiche Vorträge, Zeitungsartikel und Rundfunksendungen aus dem Grenzgebiet der Biologie und Philosophie. Neben wissenschaftlichen Fachveröffentlichungen folgende allgemeinverständliche Bücher: Adams Handwerk (Furche, 1967), Noahs Arche (Kosmos, 1968), Wissenschaft als Heilserwartung (Furche, 1969), (mit Christa Meves) Lieben – was ist das? (Herder, 1970), Die Affen und Wir (ro-ro-ro-tele, 1970), Zoologie des Menschen (Piper, 1971), Feigenblatt und Lorbeer (Schünemann, 1971), Hoffnung auf die Naturwissenschaft? (Die Waage, Zürich, 1972).

Joachim Illies

Für eine menschenwürdige Zukunft

Die gemeinsame Verantwortung von Biologie und Theologie

Herderbücherei

Originalausgabe
Veröffentlicht als Herder-Taschenbuch

1. Auflage April 1972
2. Auflage Januar 1973
3. Auflage Dezember 1973
4. Auflage September 1975

Herder Freiburg · Basel · Wien
Freiburger Graphische Betriebe 1975
ISBN 3-451-01932-9

Inhalt

Vorwort

> Religion ist im weitesten und tiefsten Sinne des Wortes das, was uns unbedingt angeht. Und das, was uns unbedingt angeht, manifestiert sich in allen schöpferischen Funktionen des menschlichen Geistes.
>
> Man kann die Religion nicht mit letztem Ernst verwerfen, weil der Ernst oder das Ergriffensein von dem, was uns unbedingt angeht, selbst Religion ist.
>
> *Paul Tillich*

Biologie handelt vom Leben, ist Naturwissenschaft von den Pflanzen und Tieren sowie von uns selbst; Theologie aber handelt von Gott. Niemand – ganz gewiß nicht in unserer aufgeklärten Zeit – wird an der Realität des Lebens, der Natur, der Tiere und des Menschen zweifeln oder an der Notwendigkeit, alle diese Erscheinungen wissenschaftlich und logisch eindeutig zu erfassen in der Wirklichkeit ihrer Gegenwart und der Möglichkeit ihrer Zukunft. Am Beginn jeder Theologie aber steht die große bedrängende Frage, ob es ihren Gegenstand, der zugleich ihre Gegenwart und ihre Zukunft begründet, überhaupt gibt. Für Natur, Leben, Menschen bedürfen wir keines wissenschaftlichen Realitätsbeweises, für Gott aber finden wir keinen, selbst wenn wir ihn suchen.

Ist Gott deshalb tot, ist Religion daher ein alter Zopf und Theologie eine Altertumswissenschaft, die wir auf dem Weg in die Zukunft nicht mehr benötigen? Oder haben wir nur die Fähigkeit verloren, uns in Räumen zu bewegen, in denen Beweise nichts ausrichten, in denen unser eigener Einsatz und unser persönlicher Glaube gefordert werden und damit wir selbst? Sind nicht auch Liebe und Kunst jedem logischen Zustimmungszwang entzogene Werte in unserem Leben, die wir mit der Kraft des persönlichen Engagements tragen, und das bis hin zum gelassenen Verzicht auf Beweise? Brauchen wir nicht gerade diese unbeweisbaren Werte dringend in jeder möglichen Zukunft? Und sind wir nicht gerade dort, wo uns etwas unbedingt angeht, viel wirklicher, viel realer betroffen als im Bereich des kühlen, letztlich unpersönlichen Wissens?

Unsere Gegenwart wie unsere Zukunft werden nur dann menschenwürdig sein, wenn wir alle schöpferischen Funktionen des menschlichen Geistes entfalten, wenn keine von ihnen zugunsten einer anderen ideologisch eingeschränkt wird und verkümmert. Biologie und Theologie sind keine Gegensätze, stellen uns nicht wirklich vor eine peinliche Alternative, denn ihre Dimensionen sind unvergleichbar. Sie sind auch keine echten Partner, denn sie bedürfen stets eines Vermittlers. Dieser Vermittler aber, in dem wissenschaftliche Erkenntnisse und religiöse Gewißheiten sich zu einem umfassenden und ausgewogenen Weltbild vereinen, sind wir selbst. An uns liegt es, ob Gott „tot" ist, ob die Wissenschaft fortschreitet, ob Theologie und Biologie als feindliche Brüder auftreten oder sich gegenseitig freien Raum lassen. Weil beide schöpferischen Funktionen unseres Geistes uns im letzten Ernst angehen – Biologie und Theologie –, nehmen wir sie beide in die Verantwortung für eine menschenwürdige Zukunft!

Schlitz, im März 1972 *Joachim Illies*

Glaube an die Wissenschaft

Die Wissenschaft hat im modernen Leben einen so entscheidend hohen Platz eingenommen, daß sie für viele Menschen wie ein Ersatz für Religion erscheint, und zwar nicht als ein kümmerlicher, notdürftiger Behelf, sondern ein verläßlicherer und besserer Inhalt, als es früher der Glaube an religiöse Werte war. Man glaubt heute an die Wissenschaft, und soweit darin die Anerkennung liegt, daß auf diesem Gebiet Großes und unser aller Schicksal Bestimmendes geleistet wird, ist der Respekt vor dieser Macht Wissenschaft durchaus berechtigt. Nicht aber der „Glaube" an sie, denn mit ihm tut man dem Geist der Wissenschaft sogar unrecht: Eine Wissenschaft hat es weder nötig, noch verträgt sie es, unbesehen, ungeprüft, vertrauensvoll anerkannt zu werden, sondern ihr Merkmal ist gerade die logische Verbindlichkeit für jedermann, die eines besonderen Engagements nicht mehr bedarf, weil sie in sich zwingend Schlüssiges ausdrückt. Wer an den Satz des Pythagoras glaubt, der ist einfach nur ein schlechter Mathematiker, wer sich dagegen erinnert, wie er zu beweisen ist, der braucht seine Glaubenskraft hier nicht zu mobilisieren, sondern wird als guter Wissenschaftler sein Wissen in dieser Sache mit Recht über jeden Glauben setzen.

Sind Glauben und Wissen Gegensätze, bedeuten Religion und Wissenschaft ein Entweder-Oder, zwischen dem es sich zu entscheiden gilt? Wir müssen, um hier antworten zu können, genau prüfen, was denn mit Glauben und

Wissen eigentlich gemeint ist. Kaum ein anderes Wortpaar unserer Sprache und unseres Denkens ist mit soviel Ballast beladen und durch soviel fast beliebige Benutzung so unscharf und vieldeutig geworden.

Wissen, soviel steht fest, ist sicherer, unbezweifelbarer Besitz. Ich weiß, daß zwei mal zwei gleich vier ist! Diese Aussage scheint uns allen als der Inbegriff einer eindeutigen Sache: Das ist eben so, daran zu zweifeln wäre einfach dumm! Dieses Wissen ist methodisch (mathematisch) gesichert, es ist für unseren Verstand zwingend, und es ist für jedermann nachvollziehbar. Damit erfüllt dieses Wissen die drei Bedingungen, die der Philosoph Jaspers für echte Wissenschaftlichkeit forderte. *Glauben* ist solcherart Wissenschaft gegenüber offenbar ein viel weniger gesicherter Besitz. Da mag einer unserem mathematischen Wissen mit leuchtenden Augen entgegensetzen: „Ich weiß, daß mein Erlöser lebt!" Man wird ihm sagen: Das ist gar kein Wissen, sondern nur ein Glauben, und wirklich erfüllt es nicht die strengen Bedingungen der Wissenschaftlichkeit: es ist nicht zwingend für den Verstand (denn es ist keineswegs unmöglich, daran zu zweifeln), es ist methodisch nicht gesichert (denn es gibt keinen eindeutigen Weg, der mit Sicherheit zu dieser Erkenntnis führt), und es ist auch nicht für jedermann nachvollziehbar (wie die vielen Ungläubigen beweisen).

Aber wieso ist solche Art von Gewißheit „nur" ein Glaube? Eine alte Kirchenweisheit sagte: Glauben ist *mehr* als Wissen! Es wird uns hier klar, daß wir das Wort „Glauben" gar nicht mit gleicher Eindeutigkeit gebrauchen wie das Wort „Wissen". Wir sagen: Ich glaube, daß dieser Berg 1000 Meter hoch ist, oder: Ich glaube, daß morgen gutes Wetter sein wird. Im ersten Fall *vermuten* wir etwas, im anderen Falle *hoffen* wir, in beiden Fällen wollen wir sagen: Ich weiß es nicht genau, aber ich setze mit meiner Person darauf. Was an Wissenschaft fehlt, wird also durch persönlichen Einsatz behelfsmäßig ausgefüllt, aber dieser Ersatz ist vorläufig, denn er wartet auf die letzte Bestätigung durch die Wissenschaft. Beweist mein Höhenmesser, daß der Berg nur 800 Meter hoch ist, so werde ich nicht sagen: Ich glaube aber trotzdem, daß der Berg 1000 Meter hoch ist. Regnet es am folgenden Tage, so werde ich auch nicht darauf beharren, daß es schönes Wetter geworden sei. Diese Art von „Glaube", nämlich das Vermuten, Hoffen (oder auch Befürchten), beherrscht unseren Alltag, und dafür gilt, daß es ein „nur" Glauben ist, das hinter jeder echten Wissenschaft, hinter jedem endgültigen Wissen zurückzustehen hat.

Aber „Glauben" kann etwas ganz anderes bedeuten. Wenn eine Mutter sagt: Ich glaube an meinen Sohn, so will sie nicht ausdrücken:

„Ich vermute, daß er gut ist, auch wenn der Schein gegen ihn spricht." Sie will auch nicht sagen:

„Ich hoffe, daß er gut handelt, auch wenn ich es nicht eigentlich wissen kann." Sie ist vielmehr entschlossen, sich in der Gewißheit und Treue, die aus der Liebe zu ihrem Sohn entspringt, selbst durch logische Argumente nicht erschüttern zu lassen. Da legt ihr vielleicht der Kriminalbeamte deutliche Indizien vor, aus denen jeder Richter auf die Schuld ihres Sohnes schließen muß, aber sie spricht ihn frei und bleibt damit unerschüttert bei ihrem Glauben. *Dies* also ist offenbar eine ganz andere Form des Glaubens, eine, die „mehr ist als Wissen". Wenn in diesem Sinn ein Christ sagt: Ich glaube an die Auferstehung Christi, so meint er nicht: „Ich vermute (und hoffe), daß Petrus recht hatte, als er der Urgemeinde berichtete, das Grab Christi sei am Ostersonntag leer gewesen." Sondern er meint: „Ich anerkenne als für mein Leben verbindlich, daß die Auferstehung Christi eine Wahrheit für die Welt und eine Hoffnung für mich ist, und ich engagiere mich für diese Hoffnung, damit sie für mich selbst und für andere Wahrheit und Wirklichkeit bleibt!"

Überall in der Welt, wo die *Liebe* herrscht, tritt diese Form des Glaubens, das persönliche Engagement, in den Vordergrund und verdrängt dabei sogar den Wunsch nach

Wissen und Wissenschaft von der ersten Stelle. Jeder Mensch kann diese Erfahrung in der persönlichen Liebe machen: Er liebt und glaubt und erfährt dabei, wie er geliebt und geglaubt wird. Zwei, die sich so lieben, setzen sich damit zugleich in einen Stand, in dem die Wissenschaft (das methodisch Einwandfreie, Verbindliche, Nachvollziehbare) Vormacht und Glanz verliert. Oder sucht der Liebende etwa nach einem wissenschaftlichen Beweis für seine Liebe, bedarf er einer verbindlichen Methode, ist er nicht gerade davon überzeugt, daß kein anderer nachvollziehen könnte, was er in seinem persönlichen Engagement hier einbringt? Wir haben also festzustellen: Es gibt eine Art zu glauben, die mehr ist als Vermuten, nämlich Anerkenntnis und Gelöbnis existentieller Treue (vom Wort „geloben" stammt das Wort „glauben" ab!).

Glauben wir nun in dieser Weise an die Wissenschaft? (Daß sie nach solcher bedingungslosen Gefolgschaft gar nicht verlangt, sagten wir schon.) Es wäre eine *Illusion*, wenn wir uns das vormachen wollten. Denn bedingungslose Gefolgschaft müßte doch gerade dort deutlich werden, wo Opfer verlangt werden; an solchen Opfern wird zu allen Zeiten die Stärke eines Glaubens gemessen. Und wenn die Wissenschaft nun zum Beispiel sagt:

Du sollst nicht rauchen,
Du sollst keine Landschaft verunreinigen,
Du sollst überhaupt alle wissenschaftlich erkennbaren Gefahren in Deinem Leben vermeiden,
Du sollst Dein Kind im ersten Lebensjahr nicht in fremde Hände geben –

wenn also die Wissenschaft ihre Gebote ausspricht – dann werden plötzlich die meisten der sogenannten Wissenschaftsgläubigen zu Abtrünnigen, zu Ungläubigen, die sich um die neuen Gesetzestafeln ebenso herumzudrücken suchen wie früher so viele um die alten Tafeln der Religion. Hier also, wo der echte Glaube beginnen müßte, beim persönlichen Einstehen für seine Inhalte, beim Anerkennen, auch wo es unbequem ist und Kraft und Opfer fordert, erweist sich, wie brüchig der „Glaube“ an die Wissenschaft sein kann.

Wenn daher heute der Glaube an die Wissenschaft bei so vielen Menschen scheinbar den Glauben an die Inhalte unserer Religion ersetzt hat, so ist es gar nicht das persönliche Engagement für die objektiven Daten und Aussagen der wissenschaftlichen Forschung, was diese Hoffnung trägt, sondern es ist die *Abwendung* vom Glauben schlechthin, das heißt von dem unbequemen Zwang, sich überhaupt irgendwo engagieren zu müssen. Wer an die Wissenschaft glaubt, der glaubt im Grunde überhaupt nicht, sondern spart diese Fähigkeit seines Herzens aus und hofft, daß die Inhalte der Wissenschaft an seinem Herzen vorbei direkt in sein (und in jedermanns) Kopf fallen und daß er sich aus *jedem* persönlichen Bekenntnis und aus jeder Konsequenz heraushalten kann. In dem ausschließlichen Wunsch nach „objektiven“ Fakten kann sich so die Schwäche eines Herzens ausdrücken, das den Einsatz, die Subjektivität und damit seine eigene Existenz nicht wagt.

So ist denn „Wissenschaft“ auch gar nicht mehr überall das, als was wir sie mit Jaspers definierten, sondern sie kann unter den Händen ihrer modernen „Gläubigen“ zu etwas ganz anderem werden. Vor wenigen Jahren definierte ein bekannter Vertreter der neuen studentischen Linken (Rudi Dutschke, 1967): „Wissenschaft ist die *Selbstbefreiung* des Menschen von unbegriffenen Mächten.“ Setzen wir diesen Gedanken fort, so müssen wir folgern: Glaube an die Wissenschaft ist die Hoffnung auf diese Selbstbefreiung. Zu den unbegriffenen Mächten aber, aus deren Einfluß man sich befreien will, gehört doch gerade unsere Glaubensfähigkeit, unsere oft unbegreifliche Kraft, uns in einem persönlichen Engagement zu stellen für überpersönliche und metaphysische Werte! Das eigentlich sind die hohen Werte einer Persönlichkeit, soll uns die Wissenschaft auch von ihnen „befreien", wollen wir uns selbst los sein?

Unbegriffene Mächte zu begreifen, das war das große und schöne Ziel der Aufklärung, und in diesem Bemühen ist unsere heutige Wissenschaft entstanden. Solches „Begreifen" kann heißen: in den Griff bekommen, es kann auch staunendes oder andächtiges Berühren bedeuten, aber viele große Wissenschaftler sind sich darüber klar gewesen, daß es eins meist nicht heißt: wirklich und bis in die Hintergründe hinein verstehen. Die echte Wissenschaft ist hier viel bescheidener als ihre ungeduldigen Gläubigen, die solchen unbegriffenen Mächten zu gerne entgegenrufen möchten: „Verschwindet doch, wir haben aufgeklärt!" Man kann solche unbegriffenen Mächte – und hier unterscheidet sich echte Wissenschaft von pseudowissenschaftlichem Aberglauben – auch *verleugnen,* und dann ihren verbliebenen Restbestand „gesellschaftlich interpretieren". So kann man zum Beispiel angesichts der Erscheinung der Liebe (in der es viele „unbegriffene Mächte" zu spüren gibt) „aufklären", indem man den Eros zunächst in die kleinen Stücke des Sexus zerschlägt, von diesen behauptet, sie wären alles, was bei wissenschaftlicher Betrachtung übrigbliebe, und aus den Scherben dann Gefäße kittet, die man ideologisch auffüllt mit einem Menschenbild, das von unbegriffenen Mächten befreit erscheint.

So treibt die moderne Sexualerziehung oft genug die unbegriffenen Mächte auf einem Felde aus, wo sie das Eigentliche der Erscheinung sind. Und so kann ein Glaube an die Wissenschaft schließlich entarten zu einem *Programm,* das den Glauben selbst auszuschalten hofft, indem es die Welt so klein macht, daß Wissenschaft allein sie bewältigen könnte. Das aber ist nicht die ganze Welt, sie ist – das haben gerade die Großen unter den Wissenschaftlern zu allen Zeiten gesehen und betont – größer, als daß die Wissenschaft sie ganz umfassen könnte. Der Glaube an die Wissenschaft klammert sich mit unzulänglichen Mitteln an einen unzureichenden Teil! Die große Aufgabe des Glaubens ist: uns im *Ganzen* dieser Welt unseren Ort finden zu lassen, der uns zugleich Geborgenheit schenkt, uns einen eigenen Sinn in dieser Welt anweist und diese Welt selbst deutet und in ihren Farben aufleuchten läßt, wo die Wissenschaft allein nur zählen und messen kann. Wer seine Glaubenskräfte entwickelt und sich nicht von der unwahren Zweckkonstruktion einfangen läßt, es herrsche ein Entweder-Oder zwischen Wissen und Glauben, der wird aus unverkrampfter Glaubensfähigkeit heraus auch zur Wissenschaft den richtigen Weg finden. Er wird auch sie *lieben,* wie er die Inhalte seines Glaubens liebt. Und im Licht solcher Liebe wird dann die von ihren Gläubigen so oft mißbrauchte Wissenschaft ihren wahren Glanz und ihre eigentliche Schönheit erweisen: *Als bewundernswürdige Leistung der menschlichen Vernunft lotet sie die Tiefen dieser Welt aus, damit wir den Raum begreifen lernen, den unser Glaube füllen soll.*

Ich glaube – hilf meinem Wissen!

Welch glücklicher Mensch müßte doch ein Naturwissenschaftler sein, wenn sein Wissen und seine Wissenschaft auch nur annähernd von der Art wären, wie sie es nach der Ansicht Außenstehender und dabei vor allem mancher Theologen offenbar sind! Er säße auf einem Haufen solider, steinharter Fakten, die er allmählich, im Bewältigungsprozeß seiner wissenschaftlichen Erkenntnis, zu seiner „festen Burg“ auftürmt, und er schaute wie Lynkeus, der Türmer, von keinem Skrupel geplagt weit über das besiegte Land, dessen Horizont sich ausdehnt bis zu dem Punkt, wo sich die parallelen Geraden treffen und den man früher, allzu romantisch, die Unendlichkeit nannte. Erblickt er unten im Vorfeld seiner Festung gelegentlich noch ein Irrlicht, noch einen „irrationalen Rest“, so verscheucht er ihn mit einem herrischen „verschwindet doch, wir haben aufgeklärt!“ Wer wollte da noch den Sturm wagen auf die Festung, wo könnten Religion und Glauben noch auf Sieg hoffen angesichts der festgefügten Wissensfakten? Bleibt der Theologie nicht nur die Klugheit der „Kinder dieser Welt“, die List der Schlange, mit der sie sich in den Schatten der Wissenschaft duckt, zu überleben hofft und versucht, übriggelassen zu werden von einer Siegermacht, die Pardon gewährt, wenn man ihre Sprache übernimmt und mit sich reden läßt?

Dieses Bild scheint verzerrt, doch entspricht es einer verzerrten Wirklichkeit und ist so echt und so treffend, wie es der Alpdruck für den Träumer ist, den er plagt.

Erst wenn er erwacht, wird sich die Szene ändern und eine bessere, hellere Wirklichkeit den Spuk der Nacht vertreiben. Die Wissenschaft selbst ist – wohl im Gegensatz zu manchen Theologen – längst aus diesem Traum erwacht und wird eines Sieges nicht froh, der ihr hier in Flucht und Unterwerfung vom „Gegner" aufgedrängt wird. Naturwissenschaftler bemerkten schon längst bei ihrem Bemühen um Einsicht in die Fakten und beim Suchen nach dem, was diese „im Innersten zusammenhält", daß ihre Erkenntnisse nicht einfach in einem Wissen bestehen, das dem Glauben überlegen ist. Es blieben die wissenschaftlichen Fakten ein formloser Steinhaufen, wenn sie nicht auf einem Fundament aufgetürmt würden, das von ganz anderer Art ist. Sie alle, so sagte v. Wittgenstein, gehören noch zur Aufgabe, nicht zur Lösung.

Diese Lösung aber, die wissenschaftliche Erklärung der Welt, ist von keinem Komputer zu vollziehen, sondern benötigt den personalen Einsatz, den Glauben an basale Axiome und den Mut zum Setzen von Definitionen. Geht es hier so viel anders zu als in der Theologie? Daß jede Wirkung ihre rationale Ursache habe und daher einsehbar ist, daß auf jede Zahl eine nächsthöhere folgt, daß $x^0 = 1$ ist und daß parallele Gerade sich im Unendlichen schneiden – alle diese „Behauptungen" sind jeder weiteren Einsicht entzogen, sind Dogmen der Naturwissenschaft oder der Mathematik, die nicht beweisbar sind, für die aber auch kein Beweis benötigt wird. Sie bewähren sich, und die einzige Bestätigung für ihren Wert liegt in dieser Konsequenz, nämlich in der widerspruchslosen Folge sinnvoller Ableitungen, die sie gestatten. Aber auch diese Ableitungen sind nicht immer sicherer Besitz im Sinne einer eindeutigen Diagnose, sondern – mitten im Raum der Wissenschaft – oft genug Vermutungen oder statistische Wahrscheinlichkeiten. Daß jeder einzelne von uns morgen noch lebt, kann man naturwissenschaftlich recht wahrscheinlich machen, aber keinesfalls gewiß, man kann es aber auch einfach vermuten, glauben oder erhoffen;

der Erkenntnisgewinn ist also in jedem Fall recht ähnlich.

So ist der Wissenschaftler an der Basis seines rationalen Gebäudes den Umgang mit Irrationalem, nicht weiter Hinterfragbarem und schlechthin Anzuerkennendem gewohnt und steht damit letztlich auf keinem anderen Grund als der Gläubige. Er muß sich daher gegen eine Polarisierung wehren, die ihn und sein Wissen zum Gegensatz der Gläubigen und ihrer Religion machen will. Für beide gibt es innerhalb des jeweiligen Systems möglicher Erfahrung berechtigte und unberechtigte Folgerungen, Stimmiges und Unstimmiges, Anerkennung des Gesetzes und Sünde wider den Geist. Auf dem Hintergrund solcher Gemeinsamkeit aber wird ihm zugleich auch der wahre Unterschied zwischen Wissenschaft und Glauben sichtbar. Mag die Basis der Wissenschaft irrational sein; was auf diesem Grund aufbaut, führt bis ans Ende der eingeschlagenen Richtung in einen logisch gesicherten Raum, der keine weitere Entscheidung erlaubt. Im Feld des Glaubens aber ist die breite Basis, das Pragmatische, das Alltägliche, miteinander verständig verknüpft, aber wer sich in diesem Raum bewegt, der stößt an der Spitze, die alles krönt und beherrscht, auf das Kreuz. Er stößt auf die irrationalen Ereignisse von Ostern, Himmelfahrt und Pfingsten, die sich aus dem Vorausgehenden nicht von selbst verstehen, sondern persönliche Entscheidung und Annahme im Glauben verlangen. Dieser Glaube ist „den Griechen eine Torheit", denn er ist nicht beweisbar, er erfordert den Mut zu sich selbst und zu der Stimme im eigenen Innern, die die Weisheit hinter der Torheit spürt und von dem ungeheuren Wagnis kündet, mitten in unserem Hier und Heute den anzuerkennen, der gesagt hat: „Mein Reich ist nicht von dieser Welt."

So allerdings sind Glauben und Wissen doch Gegensätze, sind gegenläufige Formen des Aufbruchs des Menschen zu sich selbst; doch ist die Vereinigung solcher Gegensätze ihm möglich, ihr gilt seine Sehnsucht, und sie ist die Voraussetzung für seinen inneren Frieden. Wo Kampf herrscht zwischen den Institutionen, die hinter dem Glauben und hinter der Wissenschaft stehen, da geschieht er zwischen feindlichen Brüdern. Es gibt keine Gleichgültigkeit zwischen ihnen, keine Gelassenheit. Wenn die kämpferischen Atheisten aus den Kathedralen Pferdeställe machten, so zeigten sie, wie emotional ihre Ablehnung ist und wieviel Enttäuschung hinter jedem Unglauben steht. So litt schon Nietzsche, einer der bittersten ihrer Verächter, unter der Religion: „Dich haß ich am meisten, sprach das Eisen zum Magnet – weil du anziehst und nicht stark genug bist, an dich zu ziehen!"

Was aber den Wissenschaftler anziehen muß, gerade ihn, der das Erkennen als seinen Beruf betrachtet, ist das Mysterium, der heilige Kern des christlichen Glaubens, die ganz unwissenschaftliche und eben daher so ungeheuerliche Botschaft von Auferstehung, Überwindung der Welt, von Liebe und Erlösung. Was ihn mißtrauisch macht, ihn abstoßen und in Ablehnung und Glaubensunwilligkeit treiben kann, ist der Versuch, alle diese kostbaren Verheißungen zu entmythologisieren und einer wissenschaftlichen Denkweise anzupassen. Wäre Theologie auch nur eine Art Naturwissenschaft (ein Wissen von natürlichen Dingen), dann hätte sie erhebliche Schönheitsfehler; wäre christliche Nächstenliebe auch nichts anderes als praktischer Sozialismus, Liebe nichts anderes als Mitmenschlichkeit, Christus nicht mehr als ein vorbildlicher Revolutionär, dann könnte kein Einsichtiger erkennen, warum neben den bewährten Institutionen der Vernunft solche zur Ideologie heruntergehandelte Pseudowissenschaft existieren sollte. Wir brauchen keine neumodische Theologie, die Rationalität trägt, weil es heute so üblich ist. Wir brauchen auch keine altmodische Theologie, die an den Formen des letzten Jahrhunderts festhält, weil es damals so üblich war. Aber wir brauchen eine Theologie, die unangefochten, nämlich ohne nach links oder rechts abzusichern, am unaufgebbaren Kern ihrer Aussage festhält und die in der Lage ist, ihre keinem Beweis zugängliche Wahrheit mitten in unsere wissenschaftsgläubige Zeit hineinzustellen und „glaubwürdig" zu vertreten: unbequem, sperrig, ein Ärgernis allen Lauen, Bequemen, und ein Zeugnis für die Kraft eines Glaubens, der sich angenommen und geborgen weiß in der Liebe des Gottes, von dem er kündet. Eine solche Kirche wird nicht vor leeren Bänken predigen, sie brauchte auch nicht um Kirchenaustritte zu bangen. In einer Zeit, wo Wissenschaftler die Theologen daran erinnern, daß sie ein Wissen um den Menschen bewahren, das tiefer reicht als alle Naturwissenschaft, in einer Welt, wo Hunderttausende von Jugendlichen, wie jetzt die Hippies in Kalifornien, aus sich selbst und an der Kirche vorbei zu einer neuen „Jesus-Bewegung" zusammenströmen und wo die Gläubigen beider Konfessionen ihre Priester bedrängen, sie auf den gemeinsamen Kern ihrer Religion hinzuführen, werden die Theologen zur Quelle ihrer Kraft und damit zu sich selbst zurückfinden, oder es werden andere ihren Platz einnehmen. Für den Ort, wo sie stehen und wo sie fest stehen sollen, gilt für alle Zeiten die Botschaft, die sie selbst zu verkündigen haben: „Wer aber die Wahrheit tut, der kommt an das Licht."

Braucht unsere Gesellschaft eine Kirche?

Brauchen wir eine Kirche? Das ist die Frage des modernen, dem Glauben fernen Menschen, der seinen weiten, ständig sich ausdehnenden Horizont verstellt sieht durch störende Kirchtürme – es ist die Frage des bekümmerten Steuerzahlers, der betroffen vor den Reichtümern steht, die sein Fleiß anzusammeln half – es ist auch die Frage des Gläubigen, den man bekennen lehrte, er glaube „an eine heilige christliche Kirche", und der doch das Wort Kirche in seiner Bibel nicht findet.

Es ist das Recht, ja fast die Pflicht eines mündigen Menschen, so zu fragen, doch neben denen, die solche Frage stellen, stehen viele, allzu viele, die nicht mehr fragen, weil sie die Antwort schon gefunden haben, die Antwort: Nein! Hat es nicht der „tolle Mensch", von dem Nietzsche berichtet, seit hundert Jahren über alle Märkte und in alle Ohren geschrieen, daß Gott tot ist? War nicht das gültige Ergebnis seiner „fröhlichen Wissenschaft" die Frage: „Was sind denn diese Kirchen noch, wenn sie nicht die Grüfte und Grabmäler Gottes sind?" Was will neben solcher neuen, fröhlichen Wissenschaft vom toten noch die alte frohe Botschaft vom lebendigen Gott? Doch bleibt eine letzte Frage, ob nicht *wir* die Toten sind, ob nicht diese Zeit des verborgenen, des schweigenden Gottes eigentlich die des blinden und tauben Menschen ist. Wenn unser Glaube so unsicher und schwach geworden ist, könnte das nicht ebenso gegen *uns* sprechen wie gegen Gott? Wenn heute eine junge Generation – zum ersten

Male seit Bestehen unserer Kultur – fragt; „Braucht unsere Gesellschaft noch Familie und Ehe?“, so ist dies die Frage von Menschen, die an der Liebe unsicher geworden sind, die an ihrer Möglichkeit zweifeln, zu lieben und Liebe durchzuhalten. Wenn wir heute – zum ersten Male seit Bestehen unserer Kultur – fragen: „Braucht unsere Gesellschaft eine Kirche?“, so ist dies die Frage derer, die im Glauben unsicher wurden, die an ihrer Fähigkeit zweifeln, zu glauben und Glauben durchzuhalten.

Argumente gegen die Kirche vorzubringen ist nicht schwer, jeder von uns könnte das ohne große Mühe tun, weil keinem von uns solche Zweifel fremd sind. Es gehört zur Situation des Menschen, den die Aufklärung wirklich und im innersten Kern erreichte. Jetzt endlich, fast zweihundert Jahre hat es gedauert, hat sie uns alle erreicht. Nicht länger mehr ist der Zweifel fragwürdig, sondern nun ist es der Glaube. Alles, was ihn leicht machte, bequem und fröhlich, fällt ab im scharfen, kalten Wind dieser Aufklärung, und wir erkennen, daß wir nackend sind. Frierend, nicht mehr selbstverständlich geborgen, sondern preisgegeben und nackt, wenn wir nicht selbst unsere Blöße und Verwundbarkeit neu verhüllen.

Wir verhüllen uns alle! Niemand kann Ungeborgenheit lange ertragen, selbst die beiden im Paradiese konnten es nicht; der Mensch kann es nicht, von dem Elliot sagte, er sei das Wesen, das nur wenig Wirklichkeit erträgt. Eine Hülle muß her; zwischen diese unerträgliche Wirklichkeit der Welt in ihrer undurchdringlichen, unbegreiflichen Widersprüchlichkeit dort draußen und unser nacktes, verwundbares, fast machtlos solcher Fremdheit preisgegebene Ich muß sich eine Schutzschicht legen, die uns wärmt und gegen Weltraumkälte isoliert. Wenn ein Glaube abfällt von uns, wird daher ein neuer an seine Stelle treten, denn *er* ist diese vermittelnde und bergende Schicht zwischen der völligen Gewißheit unseres Innen und der völligen Ungewißheit des Draußen. Mit Wissen und Wissenschaft hat dies alles nur scheinbar zu tun. Wissenschaft bringt nur neue Fakten und mehrt damit die Notwendigkeit von deren Deutung und Bewältigung im Glauben. „Die Tatsachen“, sagt Wittgenstein, „gehören alle zur Aufgabe, nicht zur Lösung.“ Den Lösungsversuch aber soll der Glaube leisten.

Jeder einzelne – und jede Gesellschaft – braucht daher naturnotwendig einen Glauben, eine Pufferzone zwischen Ratio und Mysterium, in der die Welt in aller ihrer Unverfügbarkeit gedeutet wird, in der die fremde Sprache der äußeren Wirklichkeit übersetzt wird in die Muttersprache der inneren Wahrheit, in der das für uns sonst Sinnlose in Wert und Sinn verwandelt wird. *Geborgenheit in einer gedeuteten Welt,* das ist es, was der Glaube leistet – was *jeder* Glaube leistet. So ist der Christ in seinem Glauben geborgen gewesen seit Jahrtausenden und hat gesagt: „Herr ... von allen Seiten umgibst du mich und hältst deine Hand über mir“ (Ps. 139, 5) – so fühlt sich aber auch der Marxist geborgen in seiner Partei, und selbst dürftige und ganz unsinnige Ideologien können diesen Dienst leisten für starken und für schwachen Glauben. Ob die Deutung *richtig* ist, durch die ein solcher Glaube die Welt einem Menschen und einer Gesellschaft bewohnbar macht, das werden wir nicht daran ablesen können, in welchem Maße er birgt und trägt: Märtyrer und Blutzeugen hat jeder Glaube gefunden und wird sie weiter finden, ebenso wie Zweifler, Schwache und Kleingläubige. Die Suche nach dem Maßstab für den *rechten* Glauben, für den rechten Propheten, ist die Suche nach dem Stein der Weisen, für den es kein Patentrezept gibt, sondern nur den mühevollen inneren Weg. Doch eines ist sicher: keiner von uns hat die Wahl zwischen Glauben und Nichtglauben – es gibt keine Ungläubigen –, wir alle haben nur die Wahl zwischen einem Glauben oder einem anderen!

So haben wir alle auch nur die Wahl zwischen einer Kirche oder einer anderen! Denn jeder Glaube, so persönlich er sein mag, drängt doch zugleich fordernd nach Glaubensgenossen, ja bietet eigentlich die einzige Möglichkeit überhaupt, auf Gleichgesinnte zu stoßen, sich eine Form und Struktur zu geben und so „Gesellschaft“ zu bilden. Darum gilt auch für *jeden* Glauben, daß dort, „wo zwei oder drei in seinem Namen versammelt sind“, etwas Neues und Überpersönliches geschieht. Wir nennen es Gemeinde, Volk Christi, wir nennen es Kirche (obwohl Luther gern ohne dieses Wort auskam). Politischer Glaube mag es anders nennen: Partei, Bewegung, Revolution, außerparlamentarische Opposition – immer gibt es ein Dogma, immer sind seine Ränder unscharf, so daß sich darüber diskutieren läßt, immer hat es einen festen, unaufgebbaren Kern. Immer braucht Glaube zu seiner Bewahrung einen inneren Raum, ein Heiligtum, eine verwaltende Institution – immer braucht er vor allem eine zentrale Gruppe von Propheten, hohen und niederen Priestern, von Engagierten also, die ihn „glaubwürdig“ vertreten, durchhalten und auch bewahren in der Auseinandersetzung mit Abtrünnigen und Ketzern. Und um auch dies noch zu sagen: immer zerfällt solche „Kirche“ nach kürzester Zeit in Teile, in Schulen und Konfessionen, die sich im Bruderzwist bekämpfen und die aneinander leiden in der Tragik ihrer Gewißheit, daß sie eigentlich zusammengehörten.

In unserer aufgeklärten modernen Welt hat heute ein großer Teil der Menschheit einen Glauben, dessen Kern das Dogma der Rationalität ist. Diese Welt – so will sie uns dieser Glaube deuten – ist in all ihrer Unbegreiflichkeit letztlich aufzulösen in ein widerspruchsfreies Kausalgefüge von Ursache und Wirkung, diese Welt, und wir mit ihr, ist restlos und allgemeinverbindlich zu beschreiben und damit geistig zu bewältigen in einem Erforschungsprozeß, dessen faszinierende Stadien wir im Fortschritt der Naturwissenschaft miterleben. Für diesen Glauben gilt, was für jeden anderen auch gilt: er ist weder zu beweisen noch zu widerlegen: er ist Wirklichkeit, wo er angenommen wird und wirkt. Unsere Zeit hängt ihm an, für unsere Zeit ist er Wirklichkeit, und damit ist auch die

„Kirche“ bestimmend, die dieser Glaube hat, ist mächtig und zieht viele der besten Geister unserer Zeit an: wir nennen sie die „Wissenschaft“. Ihr Heiligtum sind die Laboratorien, ihre Kultstätten die Universitäten und Akademien, ihre Priester die Wissenschaftler. Der Mann im weißen Kittel ist in der Nachfolge des Mannes im schwarzen Rock der Seelsorger unserer Zeit. Deutung der Welt und Hilfe zur Wendung des eigenen Schicksals wird von ihm erwartet, und mehr als das: die Heilserwartung unserer Zeit richtet sich auf diesen neuen Priesterstand, der Herzen verpflanzen kann und zum Monde fliegen – Schmerz, Alter, vielleicht gar den Tod besiegen, und dazu das schlimmste aller Leiden: die Langeweile und innere Leere. Unter solchem Anspruch aber wandelte sich die Wissenschaft, wie jede Kirche sich unter dem Anspruch der Gläubigen wandeln kann: aus Wissenschaft wurde Technik, das Ziel ist nicht mehr allein, zu deuten und zu bewahren, bestehende Wirklichkeit zu erkennen, sondern neue Wirklichkeiten zu schaffen. In solchen neuen Wirklichkeiten aber schlummern Gefahren, die mit Manipulation, Zerstörung von Leib und Seele wie apokalyptische Reiter den Bestand der Welt bedrohen. So regt sich auch hier, ganz im Bereich der Ratio, bald wieder der Zweifel, und die Kleingläubigen fragen: „Brauchen wir eine Wissenschaft?“ Welche wahnwitzige Frage ist das doch! Natürlich brauchen wir sie, wir wollen und können nicht leben ohne sie. Aber wir – die Anhänger dieser Wissenschaft – werden uns das Recht bewahren, das alle Gläubigen gegenüber ihrer Kirche haben: sie zu wandeln und vor Entartung und Mißbrauch zu beschützen, damit wir *mit* ihr leben können.

Wo dieser Wandel sich vollzieht, steht die Wissenschaft dem religiösen Glauben nicht mehr entgegen, sondern macht ihn eigentlich erst mündig und frei. So ist es wohl kein Zufall, daß in mir hier und heute ein Wissenschaftler als Anwalt für die Kirche sprechen darf. Einer unserer großen Wissenschaftler – Karl-Friedrich v. Weizsäcker –

hat es schon lange den Theologen zugerufen: „Sie bewahren die einzige Wahrheit, die tiefer reicht als die Wahrheit der Wissenschaft, auf der das Atomzeitalter ruht. Sie bewahren ein Wissen vom Menschen, das tiefer wurzelt als die Rationalität der Neuzeit." Goethe, den wir immer mehr als einen der unseren zu begreifen lernen, hat uns als letzte Einsicht, wenige Tage vor seinem Tode, das Wort hinterlassen: „Mögen die Naturwissenschaften in immer breiterer Ausdehnung und Tiefe wachsen und der menschliche Geist sich erweitern, wie er will – über die Hoheit und sittliche Kultur des Christentums, wie es in den *Evangelien* schimmert und leuchtet, wird er nicht hinauskommen."

Für den christlichen Glauben, der aus diesem Leuchten lebt, ist die christliche Kirche der feste Ort und innere Raum der Gemeinschaft von Engagierten. Auch hier gilt, daß die äußeren Grenzen des Dogmas unscharf sind, daß man über sie diskutieren kann, daß Einsicht, Aufklärung und Entmythologisierung große Stücke vom Rande abbröckeln und auflösen. Aber auch hier gilt, daß es einen zentralen, unauflösbaren und un-anrührbaren Kern gibt: Christus als ganzer Mensch und ganzer Gott. Dieser Christus ist in seiner Widersprüchlichkeit rational so wenig auflösbar, wie es die Tiefe der Welt überhaupt ist. Man kann ihn nur als Ganzen sehen – oder gänzlich an ihm vorbei! Der Glaube an ihn hat weniger mit Erkenntnis zu tun als mit Anerkenntnis, weniger mit Einsicht als mit Liebe. Die Liebe aber ist der Wahrheit verwandt und der einzige Weg zu ihr. Die Kirche, die sich auf solche Anerkennung und Liebe gründet, kann daher auch nicht das Ziel haben, diese Welt zu beherrschen, nicht einmal das, sie widerspruchsfrei zu deuten und zu erklären, sondern einzig dies: sich selbst in ihr bereitzuhalten in Anbetung und Liebe.

Dort, wo allein die Wissenschaft gilt, wird sie – soweit sie trägt – diese Welt ordnen zu widerspruchsfreier Kausalität. Das ist ihr Auftrag. Dabei aber drängt sich alles, was solchem Anspruch nicht genügt, schließlich als „irrationaler Rest" zusammen. Dieser Rest ist Gott, dieser Rest aber ist auch der Mensch. Und so bleiben schließlich beide auf der Strecke, Gott erscheint uns als „tot", der Mensch aber als „nackter Affe". Was aber doch nur eins beweist: daß eben dieser Weg der Ratio nicht bis zum Ende gangbar ist. Nimmt dagegen der Glaube die Widersprüchlichkeit als den Kern der Welt an, so wird die Kirche an eine Grenze stoßen, wo sie nach ihrem Gesetz auf Rationalität zu verzichten hat. Glauben ist *mehr* als Wissen – nicht weil der Glaube mehr fordert, als die Vernunft leistet, sondern weil diese Welt mehr umschließt, als unsere Vernunft faßt! So wird eine mündige Wissenschaft als *letzte* Tat der Rationalität schließlich auch sich selbst zu entmythologisieren haben, ihren Absolutheitsanspruch als unbegründet erkennen und so den Weg frei machen für einen mündigen Glauben. Für den aber brauchen wir heute eine *mündige Kirche!* Wir stehen in der Reifungskrise, aus der eine solche Kirche entstehen könnte.

Das wird dann keine Kirche des Prunks sein oder der Macht, keine des gezückten Schwertes oder des erhobenen Zeigefingers. Eine mündige Gesellschaft braucht keine Kirche, die die Waffen segnet und Kriegerdenkmäler weiht, keine, die uns lehren will, welche Bücher wir lesen, welche Partei wir wählen oder welche Pille wir schlucken dürfen – sondern eine, die bereit steht, uns in unserer eigenen Entscheidung zu helfen, wo immer wir solche Hilfe wünschen. Die Kirche als Gemeinschaft der im Glauben Engagierten, als allgemeine Priesterschaft mündiger Christen, wird ein wichtiges Amt vor allem zu erkennen haben: in der Dunkelheit unseres Lebens, in dem wir – ganzer Mensch und ganzes Tier – uns verurteilt und begnadigt finden zur Freiheit, sollte sie wie ein Leuchtfeuer sein, an dem wir uns orientieren können und das allen denen beständig leuchtet und einen Weg weist, die nicht allein sein wollen und können in dem, was wir Glauben nennen: im Ertragen, Annehmen und Heiligen des Mysteriums dieser Welt und unserer selbst in Liebe und in Demut vor Gott.

Eine solche mündige Kirche wird nicht bequem sein, so wenig wie der Glaube bequem ist, wenn wir ihn nehmen als Anerkennung des Urteils Gottes für die eigene Existenz. Wie wir von der Wissenschaft nur eine letzte Tugend erwarten: die *Richtigkeit*, so erwarten wir von der Kirche nur eine: die *Treue* zum Glauben und zu allen Aufgaben, die ihr aus solcher Treue erwachsen. Ihre größte Aufgabe aber ist: Diener eines Mysteriums zu sein, mitten in dieser aufgeklärten Welt.

Die Gesellschaft braucht eine solche *unbequeme* Kirche. Nicht eine, die hart der Wissenschaft auf den Fersen die Rationalisierung ihres heiligen Kernes betreibt, sondern eine, die Mut hat, sich in unserer wissenschaftsbetonten Zeit gegen den Strom zu stellen, auch gegen die Gesellschaft, auch gegen die Wissenschaft, wo es sein muß, und auch und vor allem gegen alle Unmündigkeit in ihrer eigenen Geschichte.

Wir brauchen keine Kirche, die der Wissenschaft hilft, Sandkörner zu zählen, sondern wir brauchen eine Kirche, die dem Glauben hilft, Berge zu versetzen!

Glanz und Elend der Utopien

Daß ein Biologe vor einem kirchenlichen Gremium spricht, ist nicht ganz selbstverständlich. Damit wird vielmehr das Ende eines langen Weges deutlich, an dessen Anfang die Kenntnis der Tier- und Pflanzenwelt von der Kanzel herab mitverhandelt und in den großen Rahmen der christlichen Verkündigung mit eingespannt worden ist. Im Hintergrund stand die großartige Einsicht, daß alles, was da kreucht und fleucht, seinen Sinn hat, und zwar auch seinen Sinn für die Menschen, und daß es nur der Weisheit des Predigers überlassen blieb, hinter diesen Sinn zu kommen und ihn dann seiner Gemeinde vorzuhalten. Da war der Hase und der Fuchs und der Wolf, aber auch die Wanze und die Laus hatten ihre Botschaft für den Menschen, und die war zur Sprache zu bringen durch eine fromme Naturgeschichte, die das Ganze der heilen Welt immer wieder neu herstellt und aus neuen Blickwinkeln abwägt.

Und dann kam die Zeit eines tiefen Schismas zwischen Wissen und Glauben, das uns allen noch in den Knochen sitzt, weil es zu einem Kampf führte, der auf beiden Seiten ideologisch überspitzt und verhärtet geführt wurde, da man nicht mehr auf Argumente, sondern auf die eigene Kraft baute. Dieser Kampf ist noch nicht vorüber, und er hat Sieg und Niederlagen auf beiden Seiten gebracht, hat Opfer gefordert; er hat aber im ganzen, so scheint mir, die Menschheit, unser Wissen und unser Bemühen um Selbsterkenntnis weitergebracht. Heute ist es dann schon nicht mehr so erstaunlich, daß es wieder große Gestalten in der Theologie gibt, die sich mit der Biologie versöhnen.

Denn es gibt den großen Gedanken des Teilhard de Chardin, daß die Evolution nicht das säkularisierte Gegenangebot zur theologischen Weltdeutung wäre, sondern eben selbst gerade der Ausdruck und Wille Gottes. Es gibt auf der anderen Seite viele Biologen oder viele Naturwissenschaftler, die nicht mehr meinen, wie es Friedrich Theodor Vischer einmal formulierte, in der „peinlichen Alternative" zu stehen zwischen der Annahme der naturwissenschaftlichen Wahrheit, die gleichzeitig die Ablehnung biblischer Inhalte mit sich bringt, oder aber der Annahme biblischer Aussagen, was dann gleichzeitig dazu führen würde, naturwissenschaftliche Fakten nicht an sich heranzulassen. Diese peinliche Alternative scheint überwunden. Es gibt hier kein Entweder-Oder, sondern es zeigt sich wie so oft bei solchen überspitzten Alternativen ein komplementäres Sowohl-Als-auch. Wenn also schließlich ein Biologe in einer Gemeinde spricht, dann ist das nicht nur ein Zeichen dafür, daß eine Kirche oder eine Gemeinschaft kirchlich Engagierter durchaus bereit ist, herauszugehen aus den alten Mauern ihrer Burg, ihres Elfenbeinturmes, in die Welt, und die Fakten zur Kenntnis zu nehmen, die dort inzwischen dem forschenden Geist klargeworden sind; es bedeutet zugleich für den Biologen so etwas wie eine Heimkehr in ein altes angestammtes Vaterhaus.

Biologie (Naturwissenschaft überhaupt) und Theologie sind nicht zwei gegensätzliche und einander ausschließende oder etwa gar zum Kampf gegeneinander bestimmte Seinsweisen, sondern es sind Möglichkeiten zu leben und zu handeln, die sich durch die gemeinsame Heilserwartung der Menge – ob sie wollen oder nicht – in das gleiche Boot gedrängt sehen. Ich möchte gar nicht bestreiten, daß sie es auch wollen, aber selbst wenn sie es nicht wollten: die Menge derer, die das Heil von außen erwartet und die sich jahrhundertelang, ja jahrtausendelang selbstverständlich in diesem Bemühen um Heil hingewiesen sah auf die Pforten der weitgeöffneten Tempeltüren, hingewiesen sah zu den Priestern, die hat sich nun in großem Maße abgewandt von dieser Stätte und sucht ihr Heil in der Naturwissenschaft. Sie versucht die Naturwissenschaft und ihre Großen als die neuen Götter auf die Podeste zu setzen, von denen eben eine wütende Aufklärung und Entmythologisierung alte Werte und Vorstellungen vertrieben hat. Die Naturwissenschaftler sind nicht glücklich über diese Rolle, die ihnen dabei zufällt; sondern je mehr sie sich prüfen, um so weniger zufrieden sind sie, hier aufgefordert zu sein zu etwas, was sie gar nicht bieten können und nach ihrem eigentlichen Ziel, zu dem sie angetreten sind, auch nie bieten wollten. Naturwissenschaft wollte die Welt nicht deuten, sondern beschreiben und erkennen, während die Theologie die Aufgabe hat, zu deuten. Deuten und Beschreiben müssen aber nicht im Widerspruch zueinander stehen, sondern sind eigentlich aufgefordert, miteinander auf ein Verständnis hinzuarbeiten. Wenn der moderne Mensch sich nun den Priester lieber im weißen Kittel des Forschers vorstellt, während der Mensch früher Jahrhunderte sich den Seelsorger unbedingt im schwarzen Rock des Priesters wünschte – auf jeden Fall sitzen die Vertreter der Wissenschaft, und die Vertreter der Theologie, des Glaubens, der Kirche (ich weiß sehr wohl, daß das drei ganz verschiedene Dinge sind) – doch alle in einem Boot! Wir alle, Theologen wie Naturwissenschaftler, sind letzten Endes die, die das Brot verteilen wollen an die vielen Hungrigen, die draußen vor dem Tore sich gelagert haben – und solange wir, als Theologen und als Wissenschaftler, genau wissen, daß dieses Brot, das da satt macht und ausreicht, nicht von uns selbst gebacken wurde und daß wir nur die Diener sind, die es verteilen, ist ein Miteinander möglich aus der Einsicht heraus, daß in verschiedenen Sprachen und aus verschiedenen Blickwinkeln her das gleiche angestrebt wird.

In einer solchen Gemeinschaft hat nun – heute mehr als jemals vorher – der Biologe seine spezifische Haltung des Fragens und Forschens einzubringen und damit die Ergebnisse seiner Wissenschaft. Wo aus Gegnerschaft zwischen ihm und der Theologie eine sich ergänzende Arbeitsgemeinschaft wird, kann die wechselseitige Erhellung dieser geistigen Kräfte zu dem Ziel führen, daß beide gemeinsam anerkennen: wahres Verständnis des Menschen, Einsicht in seine Bedürfnisse und Heilung seiner Nöte.

Eine solche Methode der Erforschung menschlicher Bedürfnisse hat nun in der Tat die moderne Verhaltensforschung bei ihren Objekten, den Tieren, entwickelt und für die Anwendung beim Menschen bereitgestellt. Konrad Lorenz war der erste, der darauf hinwies, daß im zivilisatorischen Konsum ein freiwilliger „Wahlversuch" durchgeführt wird, dessen Auswertung uns zuverlässig über die z. T. unbewußten Bedürfnisse der Käufer informiert. Am Erfolg der „Käthe-Kruse-Puppen" wies Lorenz nach: das „Kindchen-Schema" (ein biologisches Radikal unserer Seele, das auch den Jungtieren gegenüber ganz zwangsläufig funktioniert) läßt unsere Töchter und meist auch noch deren Mütter mit Sicherheit zu diesen „niedlichen" Puppen greifen, wenn sie neben anderen, weniger niedlichen, zur Wahl gestellt werden. Die komplexe Psychologie C. G. Jungs hat mit ihrer Lehre von den Archetypen im Grunde die gleiche Problematik erfaßt; von daher wissen wir, daß auch die bevorzugten Märchengestalten (Hexe, Riese, Zwerg, Zauberer) und die stereotypen Figuren „kitschiger" Romane (Schurke, Held, Jungfrau, böse Kupplerin) immer wieder drängend aufgesucht, d. h. gelesen bzw. gekauft werden, weil sie für Kinder oder für Erwachsene die jeweils gemäße Form darstellen, in der ein seelisches Bedürfnis nach Bestätigung oder Bewältigung von inneren eigenen Nöten gestillt wird.

Damit aber sind wir bei unserem Problem, nämlich bei der Literaturgattung der Zukunftsromane, die in jedem gewünschten Niveau, nämlich vom großen Kunstwerk bis zum schlichten Groschenheft, in anspruchsvoller Utopie oder als knallige Science-Fiction, für einen die ganze Bevölkerung erfassenden Wahlversuch zur Verfügung stehen. Ihr erstaunlicher Erfolg in unserer Zeit zeigt, daß Bedarf nach ihnen vorliegt. Interessant ist für uns, daß dieses Bedürfnis in *dieser* Stärke neu ist. Offenbar ist der Mensch nicht ein Wesen, das zu allen Zeiten, in allen seinen geistigen Bedürfnissen gleichmäßig begabt oder belastet ist, sondern da gibt es Unterschiede, da gibt es Entwicklungen – ob es Wellenlinien, aufsteigende Spiralen sind, ob es der „Pfeil des Humanen" ist, der gerade seinen Weg zieht, wollen wir dahingestellt sein lassen.

Jedenfalls können wir feststellen, daß das Bedürfnis nach dem Lande Utopia in früheren Zeiten nicht so zu spüren war. Der Christ in der „heilen" Welt des Mittelalters, des frommen christlichen Abendlandes, hatte nicht ein so ausgesprochenes Bedürfnis, die Zukunft des Diesseits in dieser Welt hier zu erfahren – möglichst genau, möglichst bald, möglichst „hautnah". Was *ihn* an Zukunft interessierte, dafür fand er in der Apokalypse ein ausreichendes Reservoir an Hoffnungen oder Drohungen und Befürchtungen aufgezeichnet. Ein Mensch, dessen Grundhaltung es ist: „Dein Wille geschehe", der das Kunststück fertigbringt, das zu sagen und deshalb trotzdem nicht die Hände in den Schoß zu legen und zu sagen: Ich tu' da selbst gar nichts, sondern (und das ist echt christliche Lebenshaltung immer gewesen) selbst zuzupacken, der ist nicht so fundamental und existentiell daran interessiert, wie dieser Wille Gottes in der Zukunft aussehen wird. Im Gegenteil, es gilt als ausgesprochen christliche Tugend, eine Haltung einzunehmen wie in dem wunderbaren Mörike-Gedicht:

> Herr, schicke, was du willt,
> ein Liebes oder Leides;
> ich bin vergnügt, daß beides
> aus deinen Händen quillt.

Dies ist eine Haltung, die gegenüber der Utopie weitgehend immun ist.

In dem Maße, in dem die Gewißheit, auf ein Jenseits zuzugehen, die Gewißheit, daß dieses Leben hier und heute eine Episode ist, in der Existenz des einzelnen oder in seinem Dialog mit Gott abgebaut wurde (und sie wurde tragisch-notwendig im Zuge der Aufklärung abgebaut), in dem Maße mußte das Hier und Heute an Bedeutung für den Menschen gewinnen. Es muß ihn zunehmend interessieren, wie sein Schicksal hier auf dieser Erde ist, wenn klarzuwerden scheint, daß es danach gar nichts mehr gibt. Wer wollte es einem Menschen übelnehmen, daß er ein möglichst ihm selbst wohlgefälliges Leben führt, wenn er doch sicher ist, daß dieses Leben das einzige ist, was er hat, und daß jeder Vorteil, den er hier versäumt, für alle Zeit und Ewigkeit versäumt und vertan ist? Es ist das Erbe der Aufklärung, daß der Glaube in seiner Tragkraft über dieses Leben hin geschwächt ist und daß das Hoffen auf das Heil schon hier und heute im Diesseits naturgemäß im gleichen Maße ansteigen muß. Der Mensch ist offenbar ein Lebewesen, das auf diese Hoffnung angelegt ist, das ohne eine Hoffnung, ohne Zukunft gar nicht leben kann. Das ist auch biologisch hochinteressant; denn wir kennen keine Tiere, die in diesem Sinn in ihrem Handeln auf Zukunft angelegt sind. Obwohl wir einige merkwürdige Instinkthandlungen kennen, die nur von der Zukunft her ihren Sinn bekommen, nehmen wir doch nicht an, daß das Eichhörnchen, das heute seine Nüsse vergräbt, es tut, „damit" es im Winter nicht hungert, also mit dem bewußten Hinarbeiten auf die Zukunft. Die Zukunft ist die eigentlich menschliche Dimension. Dieser Zukunft ihr Grauen zu nehmen ist Voraussetzung, um überhaupt lebens- und arbeitsfähig zu bleiben. Wir müssen verstehen, daß im Zuge einer verringerten Glaubenskraft an ein jenseitiges Heil ein verstärkter, ja geradezu wütender Anspruch auf diesseitiges, hier und heute sich vollziehendes Heil auftaucht. Die Sicherheit im Glauben ging verloren, und sie ging nicht nur bei den „Laien" verloren, sondern wir wissen alle, daß sie auch bei den Theologen selbst verlorenging. Wir sehen ja merkwürdigerweise, daß auch direkt im Schoße der Kirche, innerhalb der Theologie, sich eine Verlagerung vom Jenseitigen auf diesseitige Interessen, Bedürfnisse, Aufgaben vollzieht. Dies geschieht, weil auch der Theologe nicht ausgenommen ist von dem allgemeinen Menschenschicksal, das unsere Generation durchstehen muß: in einer geistigen Zeitenwende zu existieren, in der die ursprüngliche Geborgenheit im Glauben verloren ist, indem man vertrieben ist aus diesem Paradies, nicht, um in der Hölle zu schmoren oder unterzugehen, sondern um mit eigenen Kräften als reifer Mensch vielleicht zurückzukehren – nicht in ein Paradies, wie es war, aber doch zu dem, was die Religionen zu allen Zeiten Gott genannt haben.

Der wesentliche Auftrag einer Utopie ist ganz offensichtlich, das zeigen die vielen Science-fiction-Romane, die Funktion der Absicherung; die Unsicherheit wird dem Menschen genommen. Wenn wir einmal 100 Zukunftsromane konsumieren, gute und billige, berühmte mit literarischem Rang oder auch einfache Groschenromane, dann wird uns mit diesen 100 Varianten eine solche ungeheure Fülle von Möglichkeiten vorgelegt, daß *ein* Ergebnis fast sicher dabei herauskommt (falls wir zu dem modernen Typ der wissenschaftsgläubigen, diesseitsgebannten Menschen gehören): es kann jetzt nichts Überraschendes mehr geschehen. Denn was auch immer geschieht: ob morgen eine Untertasse landet, ob kleine grüne Männchen aus dem Kamin kriechen und die Weltherrschaft übernehmen, ob irgendwo ein Serum gegen Sterblichkeit entwikkelt wird oder ob die Aggression aus dem Leben herausmanipuliert und weggeschnitten wird, ob unsere Kinder in Zukunft ohne Beine geboren werden, weil die in Anstronautenfahrzeugen nur schädlich und nutzlos sind, oder ob die Besatzung vom Sirius oder aus der Wega demnächst die Weltregierung übernimmt, ob die guten oder die bösen Kräfte in der Auseinandersetzung der extragalaktischen Existenzen siegen: überraschen wird es uns nicht!

Es ist offenbar ein starkes menschliches Bedürfnis, aus dem der Erfolg dieser Literaturgattung zu verstehen ist. Diese Haltung des nichtüberraschten, des geradezu snobistisch gelangweilten „Na, wenn schon" ist ja auch die Grundhaltung des modernen Menschen gegenüber dem gesamten technischen Fortschritt. Ungeheuere Leistungen des Geistes, ungeheure technische Errungenschaften treffen heute nicht auf eine Menschheit, die sie mit einem großen „Ah" wie ein Feuerwerk bestaunt, sondern auf eine Konsumentenschicht, die sagt: „Na endlich, und wann gibt's dasselbe für'n halben Preis in doppelter Größe? Und wann gibt es das dreidimensionale Fernsehen, und wann kommen wir nun endlich vom Mond und Mars weg bis auf den Sirius, und wann kommt endlich die Pille gegen das und für das, und wie lange müssen wir überhaupt noch Pillen schlucken; wann wird uns endlich alles gleich einprogrammiert?" Was man auch immer erhofft, alles kommt aus dieser Scheinsicherheit, die satt wird an Utopien, an theoretischen Vorwegnahmen einer Zukunft, die sein könnte. Das Gefährliche daran ist, daß die Naturwissenschaft tatsächlich ungeheure Möglichkeiten der Manipulation eröffnet hat und daß die feine Bruchspalte zwischen dem, was heute oder vielleicht in zehn Jahren möglich, und dem, was auch in hundert Jahren unmöglich ist, nur nach einem intensiven Spezialstudium für den Fachmann erkennbar bleibt. Wer wird von dem Laien verlangen, daß er weiß, man kann zwar Herzen übertragen, aber keine Gehirne? „Ja, warum denn nicht?" Dazu müßte er etwas Biologie studieren, und dann wüßte er doch auf anderen Gebieten, etwa der Technik (z. B. warum man nicht ein Fahrzeug mit Lichtgeschwindigkeit in den Raum schicken kann), immer noch nicht Bescheid. Eine ganz umfangreiche naturwissenschaftliche Bildung wäre notwendig, um angesichts der tatsächlich gegebenen

Möglichkeiten immer den kühlen Kopf zu wahren. Wir sehen sogar, daß hochgebildete Naturwissenschaftler, ausgezeichnete Laureaten dieser Kunst, nämlich die Nobelpreisträger, wenn sie ins freie Phantasieren geraten, ebenso ins Schleudern kommen und dann (wie es uns das CIBA-Colloquium beschert hat) die abenteuerlichsten Vorstellungen entwickeln, die eben deshalb so schlimm sind, weil sie tatsächlich alle das Filter der Kritik auf Möglichkeit hin passieren. Ja, sie sind alle möglich, es ist dies oder jenes möglich! Aber die Frage, ob alles dies auch *nötig* ist, ob es auch menschen*würdig* ist, tritt leider um so mehr in den Hintergrund, je mehr man staunend zur Kenntnis nimmt, daß es technisch *möglich* ist.

Betrachten wir nun einige dieser Utopien, eine kleine Auswahl zwar nur aus der riesigen Zahl, aber vor allem die „bestseller" unter ihnen. Denn ihr Erfolg ist eben gerade jenes typische Ergebnis eines Wahlversuches, wie es sich der Verhaltensforscher wünscht, um zu einer gesicherten Aussage zu gelangen. Kein Mensch hatte die Leserschaft solcher Bestseller gezwungen, dieses oder jenes Buch zu kaufen, Zehntausende von Neuerscheinungen stehen in jedem Jahr zur Wahl, die oft genug eine Qual ist. Natürlich haben die Verlage Reklame für ihre Erzeugnisse gemacht, natürlich hieß es in Anzeigen und Prospekten, dies sei das wichtigste, das beste, das notwendigste Buch – aber das ist der alltägliche Trommelwirbel der Werbung, gegen den wir alle doch schon weitgehend immun sind. Mit Reklame allein sind die meisten Bestseller ganz offensichtlich nicht „gemacht" worden, viele haben mit ihrem Erfolg den Verleger selbst überrascht. So wurde v. Dänikens Buch (über das wir später zu sprechen haben) im Februar 1968 von einem erfahrenen und geschickten deutschen Verlag mit nur 6000 Exemplaren aufgelegt und mit einem Reklamefond von 2000 DM. Heute eilt dieses Buch – Bestseller eines ganzen Jahrzehnts – in Deutschland auf das Traumziel von einer Million Exemplaren zu. Hier hat also die Leserschaft entschieden und hat mit ihrem Wahlverhalten gezeigt, daß nach einer ganz bestimmten Aussage ein enorm großes Bedürfnis vorlag.

Gehen wir zunächst auf die gesellschaftspolitischen Zukunftsbilder ein, auf die *soziale Utopie,* die stets so gewinnend, so sympathisch, so befriedigend klingt. Wer hat die Stirn, etwas dagegen einzuwenden, wenn jemand aufsteht und sagt: „Ich möchte, daß alle Menschen glücklich und reich und zufrieden sind"? Wer würde da sagen: „Du Narr, was soll's?" Es ist doch ganz offensichtlich einer, der es gut meint. Allerdings muß uns klarsein, daß der Wunsch, Glück und soziale Gerechtigkeit auf dieser Erde zu erreichen, bereits eine Ideologie voraussetzt; nämlich die Diesseits-Religion, die Verkündigung oder die feste Gewißheit, daß das Entscheidende mit uns als Wesen und als Existenz hier geschieht: hier und heute werden wir glücklich, oder wir werden es nie! Wer vor dieser Alternative steht, der müßte tatsächlich für unser menschliches Urteilsvermögen etwas beschränkt sein, wenn er dann sagte: „Na, dann lieber nie!" Warum sollte der Mensch nicht glücklich werden wollen? Nur liegt ja die Frage für einen Christen ganz anders, für den Menschen, der dieses Leben in einem größeren Zusammenhang sieht. Er wird zwar ein Glück, wenn es ihm in den Schoß fällt, nicht von sich weisen, aber er wird auch nicht danach zu gieren brauchen. Worauf er sich allerdings auch nichts einzubilden braucht; denn dieser Glaube an ein Jenseits ist für ihn ein großes Geschenk, das ihn frei macht von der Jagd nach dem Glück hier und schon heute.

„Hungern nach Gerechtigkeit" war das Motto des letzten Evangelischen Kirchentages, und mir scheint, nach dem, was ich vorhin angedeutet habe, als wenn hier doch auch im Raume der Theologie die rechte Einsicht dafür verlorengegangen ist, wonach eigentlich der Mensch und der Christ hungert; denn wir könnten jetzt etwas überspitzt fragen: Welcher wirkliche Christ hungert denn nach *Gerechtigkeit?* Ist es nicht eine der Grundaussagen unseres Evangeliums, daß wir alle Sünder sind und auf *Gnade* angewiesen? Es könnte uns also nichts Schlimmeres geschehen als Gerechtigkeit! Wenn wir nach unseren Taten behandelt würden, wer würde denn da auf Gerechtigkeit hoffen? Wir wollen ja alle mehr, sehr viel mehr. Andererseits ist natürlich klar, daß bei dem Wort „Hungern nach Gerechtigkeit" denen, die es gefunden haben, für den Kirchentag, vorschwebte: der Hunger der *anderen* nach Gerechtigkeit. Nun gewiß, das ist sofort eine ganz andere Situation. Es ist ja merkwürdigerweise so, daß das Streben nach dem Glück der anderen – wenn es wirklich die anderen zum Inhalt hat – so ganz nebenbei, sozusagen als Nebeneffekt, auch den, der für die anderen kämpft, selbst glücklich machen kann. Und es ist ganz sicher, daß es eine christliche Tugend ist, dem anderen bei einer möglichst weitgehenden Entfaltung seiner Rechte zu helfen. Eine merkwürdige Situation, daß man, wenn man für das Recht des anderen kämpft, mitten drinsteht im christlichen Auftrag, daß man aber in dem Moment, wo man für sein eigenes Recht kämpft, ganz fundamental herausgegangen ist aus dem eigentlich christlichen Auftrag! Hier sehen wir den Unterschied zwischen Sozialismus und Christentum, der uns ganz klarsein muß und der alle faulen Kompromisse zwischen beiden von vornherein fragwürdig macht. Es gibt tatsächlich – wenn man so will – gar keinen größeren Unterschied als den zwischen Christentum und Sozialismus; denn sie gehen beide von einem gänzlich anderen Bild des Menschen aus. Der Sozialismus ist überzeugt davon, daß der Mensch so *arm* ist an sich, daß ihn nur Gerechtigkeit, nämlich gerechte Verteilung aller irdischen Güter, reich und glücklich machen könnte. Die christliche Botschaft des Evangeliums aber ist, daß der Mensch so *reich* ist, nämlich als Kind Gottes, daß er durchaus in der Lage ist, äußere Armut zu ertragen. Immer wieder wird er dazu aufgefordert, arm zu sein und darin den eigentlichen Reichtum zu sehen. Sagen wir überspitzt: der Sozialismus hat das Ziel, alle Menschen reich zu machen; das Christentum hat das Ziel, alle Menschen dazu zu bringen, daß sie gerne arm wären an äußeren Gütern, ja auf äußere Güter verzichten könnten. Das eine lehrt das Recht auf den Besitz, das andere lehrt die Kraft, auf ein Recht zu verzichten. Damit will ich nicht sagen, daß die Sozialisten böse Leute wären, es ist ein redliches, es ist ein großartiges Bemühen; und es ist für den, der nur dieses Leben sieht und überzeugt ist: „Alles andere ist dummer Zauber", die einzige vernünftige, menschenwürdige Konsequenz, zu sagen: dann möchte ich doch, daß alle es einigermaßen gut hier haben. Also: Der Sozialismus ist an sich sicher etwas vollkommen Berechtigtes, und es ist in dieser gottesfernen Zeit unserer Weltgeschichte offenbar immer noch das Beste, was man als politischen Religionsersatz fördern kann, wenn man es vernünftig tut. Er ist wahrscheinlich weniger fragwürdig, als wenn man christliche Ideale mit dem Kapitalismus verbindet, der ja keineswegs den größeren Reichtum aller im Auge hat. Aber die ganze Politik, der ganze Versuch, hier und heute schon ein Heil zu erreichen, das im Reichtum, im ausreichenden, im sattmachenden Besitz aller irdischen Güter besteht, ist ein Gegenstück zu der christlichen Haltung, die eben gerade dieses Sattsein nicht als Garantie für ein menschliches Leben anbietet, sondern darauf hinweist, daß es ein Menschenschicksal sein kann, hungrig zu bleiben, und daß der Mensch daher nicht das Recht und den Anspruch auf Gerechtigkeit hat, sondern die Hoffnung auf Gnade.

Sehen wir also nun uns einige Zukunftsromane an, die besonders wichtig sein sollen. Ich denke zunächst an einen sozialistischen Zukunftsroman, der seine Zeit geprägt hat. Es ist schon etwas länger her; er hieß *„Rückblick aus dem Jahr 2000"*, und es ist jetzt nur noch wenige Jahre hin, dann wäre das schon gar keine Utopie mehr, dann könnten wir wirklich aus dem Jahr 2000 zurückblicken. Er wurde vor 100 Jahren von Bellamy geschrieben und war der erste große sozialistische Zukunftsroman, in dem die vollkommene Welt geschildert wurde, für die der Sozialist zu kämpfen hatte. Wir wissen, wieviel unendliche menschliche Leiden die Revolutionäre auf sich genommen haben – überall da, wo sie den Sozialismus durchsetzen wollten. Sie waren ja keineswegs reich, sie waren keineswegs glücklich und im Besitz aller irdischer Güter, aber sie hatten die Hoffnung: Ja, wir nicht; aber wir bauen die Gesellschaft auf, die marxistische Gesellschaft, und unsere Kinder oder unsere Enkel, *die* werden dann einmal dieses Leben in der Gerechtigkeit und in der Mitmenschlichkeit haben, für das wir jetzt erst mal gegen alle Ungerechtigkeit kämpfen. Damit dieses Land Utopia greifbar wurde, waren solche Romane wichtig wie der von Bellamy, dem Amerikaner, der sich das so nett ausdachte, daß jemand, mit „tierischem Magnetismus" in kataleptische Starre versetzt, 100 Jahre in einem Bunker überdauert und dann wieder zutage tritt und nun sieht: die Früchte des Sozialismus sind aufgegangen; der Mensch ist des Menschen Helfer geworden; jeder ist eilfertig beflissen bemüht, daß der andere es gut habe; die Rechnung geht auf; denn auf diese Weise hat er selbst es auch gut, und alles ist friedlich und großartig.

Einige Generationen später – der Sozialismus war nicht mehr so theoretisch, sondern in Rußland hatte er praktisch angefangen; es gab erste sozialistische-marxistische Erfahrungen – kamen wieder, nun in unserer Generation oder der unmittelbar vorangehenden, große utopische Romane, in denen dieser Optimismus nicht mehr zu finden ist. Ich denke an zwei berühmte Bücher: *Orwells „1984"* und *Aldous Huxleys „Schöne neue Welt"*. Betrachten wir zunächst das Buch „1984". (Wir können gleich hinzufügen, daß der Orwellsche Roman, der ja so ganz besonders unter die Haut geht, fast Plagiat ist, denn J. Samjatin hat 1923 schon in Rußland das Buch „Wir" geschrieben, in dem praktisch die gleiche Welt geschildert ist. Selbstverständlich wurde es in Rußland verboten.) Hier tritt also ein Rebell auf, der aus der Enttäuschung heraus – „enttäuschte Liebe ist mein ganzer Zorn" –, aus dem Zorn über das Fehlschlagen des sozialistischen Optimismus sein anklagendes Zukunftsbild malt, nämlich diejenige sozialistische Gesellschaft, die wir in ihrer faschistischen Spielart auch selbst erlebt haben: wo der „große Bruder“ an der Wand hängt als Fernsehauge und schon beim morgendlichen Frühsport den Genossen George Smith beobachtet und ihm seine ersten Anweisungen erteilt. Wo selbst im Walde, in einer kleinen Lichtung, da er sich mit seiner Geliebten treffen möchte, wie sich herausstellt, ein Mikrofon gehangen hatte. Der Staatssicherheitsdienst achtet darauf, ob auch die sozialistischen Spielregeln eingehalten werden, und die bestehen vor allen Dingen darin, daß die einzelnen Klassen und Schichten, die sich nach der Umschichtung und der Revolution sofort wieder bilden, nicht durcheinanderkommen. Sie bestehen weiterhin darin, daß das Rebellentum, wo es auftaucht, sofort kanalisiert werden muß. Da ist dieser infame und zugleich geniale Einfall des Autors oder der Autoren dieses Romanes, daß der Staat sogar seine Opposition organisiert, eine Untergrundbewegung, in der automatisch alle Unzufriedenen gesammelt und gebunden werden. Die es zu wild treiben, werden dann im „Liebesministerium“ liquidiert, wo ihnen die Liebe zum Staat mit psychologischen Methoden beigebracht wird. Sie verlassen dann diese Sonderbehandlung so, wie sich Nietzsche in seiner Utopie, dem Zarathustra, den letzten Menschen vorgestellt hat: blinzelnd und zufrieden und blöde und ohne Bedürfnis. Das war also die Anklage eines engagierten Sozialisten gegen das Mißlingen seines Konzepts. Es ist aber zugleich mehr als nur die Anklage gegen irgendeinen Mann X oder Y, der die Revolutionsideale verraten hätte; wenn es nur das wäre, würde uns das hier nicht weiter interessieren. Es war die Resignation oder die Einsicht, daß es so offenbar nicht geht; daß die menschliche Natur leider gar nicht so ist, daß man, wenn nur alle gesellschaftliche Not aus dem Wege geräumt ist, ein Paradies erzeugt.

Nun der andere Autor: Huxley, der zugleich ein glänzend informierter Biologe war, hat scheinbar eine ganz andere Welt hingeworfen in diesem genialen Guß in seinem Buch „Schöne neue Welt". Da ist es scheinbar gelungen, dieses große Rezept, alle Menschen glücklich zu machen, allerdings unter dem zynischen Eingeständnis, daß Glück für Alpha- und Glück für Betamenschen oder für Epsilonzwerge etwas ganz Verschiedenes ist und daß man den Menschen eigentlich nur dadurch wirklich glücklich machen kann, daß man ihm erst mal sehr lange einredet, was sein Glück wäre, und ihm dieses dann gibt.

Das ist die Methode der Werbung: Wenn man einem Menschen oder einer Nation jahrzehntelang einhämmert, man müßte Coca-Cola trinken, wenn man Durst hat, dann ist anschließend jeder glücklich, wenn er endlich eine Flasche Coca-Cola hat. (Nichts gegen dieses Getränk – nur um zu zeigen, daß zunächst eine intensive Werbung Bedürfnisse errichten muß, wenn sie hinterher dieses Bedürfnis wirklich voll sättigen will.) Die nicht künstlich manipulierbaren, sondern die echt vorhandenen Bedürfnisse im Menschen brechen sich aber immer wieder Bahn, dringen seitlich und neben den kanalisiert vorgegebenen Wegen durch und stören dieses friedliche System auch in der „Schönen neuen Welt". Der Held dieses Buches, Michael, zieht zum Schluß die einzige mögliche Konsequenz aus der vollkommen manipulierten Welt: er hängt sich auf in einem einsamen Leuchtturm, in den er geflohen ist.

Also auch hier die Erkenntnis, die wütende Einsicht: so geht es nicht! Bei Huxley vielleicht mehr als das, er war ja nicht gläubiger Sozialist – er war sogar in den letzten Lebensjahren ein gläubiger Buddhist –, jedenfalls war er ein religiöser Mensch und glaubte die vordergründige Heilserwartung des Sozialismus zu durchschauen. Er hat ein besonders eindrucksvolles Buch hinterlassen, das auch für jeden Theologen wichtig zu lesen ist, weil es so glänzend informiert über das, was wirklich als Möglichkeit der Biotechnik auf uns zukommt. Es ist ja keine krankhafte Phantasie, sondern reale Zukunftsmöglichkeit, daß man Menschen aus Flaschen zieht und nach 9 Monaten Behandlung am laufenden Band entkorkt, so zusammenstellt mit den geeigneten und gewünschten Chromosomen, wie man sich das wünscht. Das klingt grausig, makaber, aber man macht sich die Welt zu leicht, wenn man es für einen dummen oder grausamen Scherz hält. Es ist leider so, daß dies alles wirklich möglich wäre! Sollten sich die Nationen eines Tages vereinen, nicht um den Mars zu betreten, sondern um das erste Retorten-Baby nach einer neunmonatigen Passage durch Nährflüssigkeiten zu entkorken, dann wäre das ohne weiteres zu machen in ein paar Jahren und mit ein paar Milliarden Dollar Entwicklungsgeldern. Es sind nur quantitative und keine prinzipiellen Schwierigkeiten der Biotechnik, die dem im Wege stehen, falls nicht der Mensch selbst hier nein sagt.

Es gibt auch einen modernen sozialistischen und erzieherischen Zukunftsroman, der jetzt gerade aus Amerika auf uns zukommt: *Skinners „Futurum II“*, ein heimlicher Bestseller, der seine Blütezeit noch vor sich hat. Hier treiben der amerikanische Optimismus im Hinblick auf Erziehung und die amerikanische Frustrationstheorie ihre große Blüte. Wieder ist hier eine Auskunft über den Menschen enthalten, die in eine Hoffnung umgemünzt und per Utopie serviert wird. Und wieder ist es eine Auskunft über Menschen, die nicht aus der Beobachtung, aus der Naturwissenschaft stammt, sondern die aus einer Ideologie abgeleitet wird. Diese Ideologie heißt: Der Mensch ist an sich ein friedliches Wesen, und nur wenn er sich ärgert, dann wehrt er sich, dann wird er frustriert. Aus diesen Frustrierungen aber entsteht die Aggression. Er muß sich wehren, wenn er beengt wird, und es ist folglich ganz klar: wenn er nicht beengt wird, dann wird er sich nicht ärgern, und dann wird er auch nicht gemeingefährlich werden, dann wird er seine Aggressionen nicht entwickeln.

Das ist eine Theorie, und es geht wie bei vielen ideologischen Theorien: sie sind gut gedacht, aber schlecht gewußt! Man kann sich Erziehungsstile nicht einfach ausdenken. Man kann es allenfalls, wenn man die nötige Gewalt hinter sich hat, um sie durchzusetzen. Wenn man sich aber als Erziehungsziel vor Augen hält, den einzelnen zur wirklichen Entfaltung, zur geistigen Mündigkeit zu bringen, dann muß man erst einmal hinsehen auf dieses Wesen Mensch und erforschen, was er denn wirklich für Bedürfnisse hat, wie seine Triebstruktur denn nun wirklich geartet ist. Aber das haben die „Behavioristen", eine Gruppe von Biologen, die unserer Gruppe, die sich um Lorenz schart, sehr entgegensteht, eben nicht getan, sondern sie beginnen die Behandlung des Menschen und damit auch den Entwurf seiner Zukunft mit der Behauptung: Der Mensch würde als tabula rasa geboren, als einer, der zu allem fähig ist, zu Gutem oder zu Bösem, in den nun die Gesellschaft richtige oder falsche Dinge hineinsetzt. Lernt die Gesellschaft, ihn richtig zu prägen, dann „läuft" er, dann wird er ein konfliktloser, friedlicher Zeitgenosse. In der Erziehung hat man das 30 Jahre lang praktisch durchgeführt in Amerika. Inzwischen ist diese Richtung längst an ihrem Ende. Die Depressionen haben zugenommen, sogar Selbstmorde stehen am Ende eines Entwicklungsweges, bei dem es einem Menschen nicht mehr gestattet ist, aggressiv zu werden, weil er einfach alles darf und keinen Widerstand findet.

Inzwischen haben wir die Triebtheorie der Aggression, die uns zeigt, daß hier ein Antrieb vorliegt, den man zwar lenken kann, aber den man nicht etwa erst hervorruft durch Frustration. Skinner hat die Welt entwickelt, wie sie sein würde, wenn seine Theorie stichhaltig wäre; wenn man den Menschen so erzieht, daß er sich nicht ärgern kann, daß er sich nicht binden muß an irgendwelchen Vater oder Mutter, über die er dann nachher doch in der Enttäuschung an der Realität erst in seine ganze Ödipusproblematik käme. Er hat sein Rezept in einem Roman durchgespielt; da werden die Menschen so erzogen, daß sie keinen Ärger nehmen können, da wird ihnen alles das erspart, was scheinbar leidvoll und unnötigerweise bei uns zum Entwicklungsweg gehört. Was dabei herauskommt, ist – wie immer bei optimistischen Utopien – die glänzend funktionierende, endlich freie und mündige Gesellschaft.

Gehen wir über zu einer Utopie, die sich nicht an einen Roman klammert, die sich vielmehr an ein persönliches Engagement, an eine Tat fixiert und uns so ganz besonders deutlich macht, wie utopische Hoffnungen auf das Später, auf das Morgen zugleich immer eine unrealistische Flucht vor dem Heute und Hier sind. Es ist die Tat des *Professors Bedford* aus Phönix, Arizona, der inzwischen schon 1000 Nachfolger in Amerika und 200 in Frankreich gefunden hat, des Mannes, der sich einfrieren ließ, weil es mit seinem Leben zu Ende ging. Für ihn wie für den wissenschaftsgläubigen Menschen überhaupt bedeutet dies nicht „Mein Stündlein hat geschlagen", sondern „Meine Ärzte sind nicht schlau genug, mir noch zu helfen". Also zog er daraus die Konsequenz: ich werde warten, bis die Ärzte besser sind. Warum sollen es unsere Enkel so viel besser haben als wir? Die brauchen nicht mehr zu sterben an Krebs, denn bis dahin hat man etwas gegen ihn erfunden! Also ließ er sich einfrieren mit der testamentarischen Bestimmung, erst dann aufgeweckt zu werden, wenn sein spezieller Krankheitsfall mit Sicherheit heilbar ist. Es gibt heute schon ganze Bestattungsunternehmen, eine ganze „Aktion Kühlschrank" für gleichgesinnte Zeitgenossen. Die Firmen garantieren – gegen den nötigen Dollarmonatsbeitrag – die Temperatur von 196° minus für alle denkbaren zivilisatorischen Zeiten. Aber – es ist uns klar: das ist die einzige Garantie, die diese Elektrofirma bieten kann. Doch diese Menschen sind nun in Staniolpapier eingewickelt und nach Austausch ihres Blutes gegen eine Tiefkühlflüssigkeit in diesen merkwürdigen Thermosärgen bestattet und haben damit dem Tod – so meinten sie doch – ein Schnippchen geschlagen. Da sind wir also ganz auf dem Grund der utopischen Hoffnung angelangt. Wir sehen, daß sie letzten Endes das ist, was der alte

Nietzsche die „europäische Krankheit“ genannt hat: nämlich die Furcht vor dem Tode. – Aber auch das sollte unser volles Verstehen haben, denn wie sollte man sich nicht vor dem Tode fürchten, wenn man glaubt, überall Argumente dafür zu finden, daß dieser Tod eben wirklich das Ende aller doch offenbar hin und wieder zu findenden Freuden dieses Diesseits ist.

Damit will ich zu einem anderen Autor kommen, zu v. Däniken, den ich schon am Anfang erwähnte; der Mann mit der 1 Million verkauften Exemplaren eines wissenschaftlich absolut unsinnigen Buchs oder vielmehr zweier: „*Erinnerungen an die Zukunft*“ und „*Rückkehr zu den Sternen*“. Was v. Däniken behauptet, ist so abstrus, daß man zunächst verblüfft darüber ist, wie so etwas so reißenden Absatz finden kann. Bis einem einfällt, daß es wohl in jeder Generation einen Mann gibt, der plötzlich einmal alles „wie gehabt“, aber andersherum serviert. Der letzte, der damit einen glänzenden Erfolg hatte, war Johannes Lang, an den sich vielleicht die Älteren erinnern können; der meinte, daß die Erde eine Hohlkugel ist und daher alles dummes Zeug sei, was die Geometer oder die Naturwissenschaftler seit Jahrhunderten gefunden hatten – es ist eben gerade andersherum. Es gibt tatsächlich eine beschränkte Anzahl naturwissenschaftlicher Phänomene, die funktionieren auch andersherum. So wie man sagen kann, die Erde dreht sich um die Sonne oder die Sonne dreht sich um die Erde. Und auf diesen wenigen Dingen fußend, vor allem auf dem unerschöpflichen Reservoir der noch nicht eindeutig erklärten Phänomene, zeigte Johannes Lang der erstaunten Menschheit: die Erde sei eigentlich eine Hohlkugel. – Nun hat er das Pech gehabt, daß inzwischen eine Weltraumfahrt funktioniert und damit ganz eindeutig diese Hohlkugel, deren Durchmesser er angeben konnte, verlassen wird. – Es gab auch schon eine Generation vorher einen solchen Bestseller, einen Utopisten, das war Hörbiger mit der Welteistheorie. Auch der wußte es einmal wieder ganz anders: Alles dummes Zeug, das mit Darwin, Evolution und so weiter! Das Leben ist auf die Erde gekommen, weil kosmischer Strahlungsdruck Lebenskeime durch den Weltraum verfrachtete, was allerdings keine Lösung des Lebensrätsels ist, sondern nur seine Verschiebung auf unerforschliche Tiefen des Raumes. Aber immerhin, es brachte zunächst einmal ein Stück weiter, und zwar alle die, die unzufrieden waren mit dem, was die Wissenschaft ihrer Tage zu bieten hatte, die lieber eine Welt hatten, die anders ist als die, die ihnen hier serviert wurde. Alle, die sagten: Wissenschaft ist wunderschön, Wissenschaft ist unser neues Evangelium, aber sie soll gefälligst so lauten, wie uns das paßt.

Wir sind übrigens alle nur so weit wissenschaftsgläubig, wie diese Funktion von der Wissenschaft erfüllt wird. Ich darf jeden Raucher daran erinnern, wie er sich gegenüber wissenschaftlichen Erkenntnissen verhält, wenn sie ihn in unangenehmer Weise treffen. Dann mobilisiert er sein gesamtes, sonst vielleicht etwas verarmtes Glaubensarsenal und „glaubt" wieder, mit einer unerschütterlichen Gewißheit an die Gnade, daß der Zufall ihn verschonen wird. Also Wissenschaft muß nicht nur wahr sein, muß nicht nur beweisbar sein, sie muß auch angenehm sein, damit sie ankommt. Und nun gibt es offenbar in dieser wissenschaftlich aufgeklärten Welt, in der dieses „Verschwindet doch, wir haben aufgeklärt" gegen alle metaphysischen Inhalte gerufen wurde und sie scheinbar wirklich verschwunden sind, da gibt es doch offenbar ein auch von den Theologen weitgehend unterschätztes Bedürfnis bei einer großen Vielzahl von Menschen: daß dieser entvölkerte Götterhimmel nun doch wieder einen Inhalt bekommt. Und genau das liefert v. Däniken in der Sprache, die allein man heute anzunehmen bereit ist: in der Sprache der Naturwissenschaft.

v. Däniken sagt nicht einfach: Es gibt Engel und Teufel, und über euch wacht ein Schutzengel, und der paßt schon auf, daß die Menschengeschichte nicht so schief läuft. Und dann gibt es Konferenzen großer Geister, die unser Schicksal lenken – ... Nein, so kann man das nicht machen, das wird jemand, der jeden Morgen schon in seiner Zeitung die neueste Mondraketennachricht gelesen hat, nicht glauben! Jetzt aber kommt einer und sagt: Es gibt extragalaktische Existenzen, Barbarellas mit Panzerröckchen und mit Antennen an den Astronautenhelmen, und die hat es schon vor zwanzigtausend Jahren gegeben, und die sausen um unsere Erde herum, passen auf, haben schon mal eingegriffen, greifen immer mal wieder ein, wenn es ganz schiefgeht, und gehen dann mit Donnnergetöse wieder in ihren Himmel zurück. Nach v. Däniken hat schon Hesekiel einen antiken Raketenstart bezeugt und alles, was wir wissen, unsere wirklichen großen geistigen Güter, die Erfindung des Rades und die moralischen Güter, die Begriffe von Gut und Böse: das haben wir alles von diesen Weltraumbummlern, die da vor zwanzigtausend Jahren schon einmal Pause gemacht haben auf der Erde, von den Peruanern noch als weiße Götter verehrt werden und auch in der Bibel nachzuweisen sind. Er ist also sehr beflissen nicht nur hunderttausend Kilometer per Flugzeug über unsere Erde, sondern auch mit ausgestrecktem Zeigefinger durch das Alte Testament geeilt und hat überall Hinweise dafür gefunden, daß wir nicht allein sind in dieser Welt – er nennt das nicht so, er sagt einfach: Es gab schon mal Astronauten, und die kommen auch mal wieder, und die sind eben aus einer anderen Existenz. Das wirkt millionenfach als lösendes, Heilsbedürfnisse sättigendes Gefühl beim Leser, ist wiedergewonnene Sicherheit: Wir sind nicht allein; die Welt ist nicht kalt und farblos, entmythologisiert zu einer „Spottgeburt von Dreck und Feuer" oder zu einer mit Mutation und Selektion im Zufalltreffersystem langsam sich hochschaukelnden Wirklichkeit, sondern wir sind geborgen, wir werden bewacht. Die Bäume wachsen nicht in den Himmel; wenn es ganz dumm kommt, werden sie auch mal wieder eingreifen! Es ist also der ganze alte Himmel wieder da, den die Menschheit oder einzelne doch ganz offensichtlich brauchen. Und da läßt man sich dann auch nicht irritieren. Es gibt eben Dänikengläubigkeit; sicher heute ein ernstes Phänomen. Man kann es nicht genau zählen, aber es gibt sicher mehr gläubige Däniken-Anhänger als gläubige Protestanten in unserem Lande, in wirklichem Sinne der Gläubigkeit, nämlich des Einstehens für die Sache, des Für-gewiß-Nehmens auch wider jeden Beweis. Da ist gar nichts zu machen. Da können wir uns aber – und als Theologen besonders – nur freuen daran, daß an dieser an merkwürdiger Stelle ausbrechenden Glaubenswut sich doch immerhin zeigt, wieviel Glaubensstärke in dem Menschen immer zu allen Zeiten vorhanden ist.

Die Argumente des Herrn v. Däniken sind auch gar nicht so leicht von der Hand zu weisen. Er ist nämlich sehr geschickt und bezieht sich auf ein Arsenal, das unerschöpflich ist, nämlich auf alle ungeklärten Phänomene dieser Welt. Und damit – das ist nun so ein kleiner Taschenspielertrick, den man nicht so ganz leicht durchschaut –, damit beweist er. Was, ihr wollt nicht glauben, daß es fliegende Untertassen gibt? Ich beweise euch, daß es in der peruanischen Wüste Zeichnungen gibt, die 80 m im Durchmesser haben und die man von der Erde aus gar nicht sehen kann! – Haben Sie gemerkt, wie logisch schlüssig das war? Nein – ich auch nicht. Aber das ist genau seine Methode: Hier gibt es noch etwas Unerklärtes und da und da, und das wissen wir auch noch nicht, na also, und deswegen stimmt das eben: Nur, er verwechselt die Denkmöglichkeit und die Wahrscheinlichkeit für ein Ereignis. Wir wollen uns nicht weiter damit aufhalten, was er verwechselt. Wir wollen nur zur Kenntnis nehmen, daß er ein Bedürfnis stillt, daß er eine Utopie liefert, die etwas bietet, was den Menschen noch tiefer angeht als die sozialistischen Ideale: nämlich die Geborgenheit in einem geistigen Raum, die Geborgenheit in einem System von mächtigen Geistern. Merkwürdig, das hat man früher mit Svedenborg abgesättigt, solche Bedürfnisse – das macht man heute mit Däniken: Und niemand weiß, auch Däniken selbst nicht, wie religiös das alles ist, was unter ganz anderer Aufschrift hier von ihm geliefert wird!

Damit sind wir beim Thema des Menschen, der unzufrieden ist, der friert, der sich kalt und verlassen vorkommt in dieser Welt, in dieser chromblitzenden, aufgeklärten Welt der modernen Wissenschaft. Dieser Mensch nimmt Anstoß an sich selbst. Er empfindet – und darin gleicht sich der Sozialist und der Christ vollkommen –, daß der Mensch eigentlich nicht in Ordnung ist, sondern anders werden müßte, daß er überhaupt nur ertragen werden kann in der Hoffnung, daß er anders werden könnte. Der Mensch nimmt Anstoß an sich selbst zu allen Zeiten; das ist das „böse Gewissen“, das jeder in sich spürt, von dem wir aber auch wissen: Man kann es zum Schweigen bringen, womit aber nicht bewiesen ist, daß es nicht dagewesen wäre. Man kann sich draufstellen wie ein Elefant auf ein Veilchen, aber damit ist nicht bewiesen, daß es nie geblüht hat, um an ein Bild von Morgenstern zu erinnern. Mitten in dieses Unbehagen an dem eigenen Bösen trifft nun ein Buch von einem berühmten Verhaltensforscher, von Konrad Lorenz. Es heißt: *„Das sogenannte Böse“* und soll auch in diesem Zusammenhang der Utopien abgehandelt werden, wobei ich aber gleich klar sagen muß, daß ich Lorenz als Autor nicht in einem Atemzug nennen möchte mit Däniken (oder gar mit Morris, der noch gleich als letzter abzuhandeln wäre!) – Lorenz ist der Verhaltensforscher, der – fast möchte ich sagen – in einsamer Größe gegenüber dem gewaltigen Anspruch der amerikanischen Behavioristen hier bei uns seine Richtung durchhält und immer wieder darauf hinweist, daß der Mensch eben nicht eine tabula rasa ist, sondern zur Welt kommt mit einem großen Arsenal von Gewißheiten, die „einprogrammiert“ bereits da sind; daß der Mensch mit Liebes- und Haß-, Sympathie- und Antipathieauslösermerkmalen zur Welt kommt oder mit angeborenen Archetypen (C. G. Jung); daß seine Seele schon viel weiß, ehe der erste Lehrer seinen Mund aufgemacht hat oder die Mutter oder der Vater ihm irgend etwas sagen könnten. Das ist die große Botschaft, die Lorenz und seine Leute uns bringen.

Aber in einem Punkte, in seinem Buch über „das sogenannte Böse" müssen wir ihn doch hier auf der utopischen Seite mit auflisten: denn dieses Buch wird allzu leicht mißverstanden, als sei mit ihm zu beweisen, daß das Böse nicht existiert. – Lorenz hat sich sehr gewehrt gegen dieses Mißverständnis. Er hat gesagt: Ich habe es falsch genannt; es hätte heißen sollen „Diesseits von Gut und Böse". Ja, allerdings, so hätte es heißen sollen, denn dann wäre alles viel klarer gewesen, aber es heißt nun mal nicht so, sondern „Das sogenannte Böse". Wir Biologen müssen uns selbst immer wieder klarmachen: es ist nicht plötzlich eine allgemeine Begeisterung für Ornithologie ausgebrochen oder überhaupt für Naturwissenschaft. Die Menschheit interessiert sich im wesentlichen nach wie vor nicht für das Liebesleben der Graugänse oder das Aggressionsverhalten von Dohlen, sondern sie interessiert sich für das eigene Liebes- und Aggressionsverhalten und überträgt von einem auf das andere, ob sie es darf oder nicht. Lorenz kann – zumal wenn er von Gänsen spricht – nicht ununterbrochen „Gänsefüßchen" verwenden in seiner Diktion. Es muß ihm einfach geglaubt werden, aber es ist nicht zu beweisen, daß er wirklich nur an die Tiere dabei gedacht hat. Jedenfalls ist dem Mißverständnis Tür und Tor geöffnet, wenn wir dieses Buch zum Bestseller aufsteigen sehen. Was es bringt, ist genau das, was in der guten alten katholischen Praxis der Ablaßzettel war: die Bewältigung des Unbehagens an sich selbst. Sünden, die man fühlt, kann man sich entweder vergeben lassen, oder man kann hoffen, daß einer kommt und sie einem ausredet. Das ist die andere Möglichkeit, und die ist sogar im Grunde viel angenehmer, denn sie fordert kein eigenes Engagement. Es ist die Methode der Psychologie, zu sagen: „Das ist ja alles gar nicht so schlimm; sieh doch, das tun die anderen ja auch, das ist ganz normal!" Wir sehen hier im „sogenannten Bösen" von Lorenz den Ablaßzettel. Für 20. – DM kaufe ich mir die Erlösung. Früher hieß es: Meine Sünden sind mir vergeben; jetzt heißt es: Meine Sünden sind mir erklärt: es sind keine Sünden. Aggression ist nur ein gutes, wichtiges Prinzip, das überhaupt dieses große Schwungrad der Evolution erst angekurbelt hat; ohne Aggression, ohne den Griff zum Faustkeil wäre unser Vorfahre überhaupt nie vom Baum heruntergeklettert, so sagt es die Wissenschaft. Ohne daß Kain Abel erschlug, wäre die Menschengeschichte erst gar nicht in Gang gekommen, und die Arten hätten sich nicht entwickelt und hätten sich nicht bewährt, hätten sich nicht ausgelesen im Felde der Evolution. Und wenn wir auch vom Mörderaffen abstammen: seien wir dankbar dafür, daß wir diese Aggressionskraft haben! Hauen wir unserem Nachbarn also, wenn's sein muß, auf die Nase – und in dem Bewußtsein, *so* ist die Menschheit entstanden!

Nun hat Lorenz nach naturwissenschaftlicher Ansicht ganz offensichtlich recht mit dem, was er sagt! Er hat nur unrecht mit dem, worin er mißverstanden wird. Es ist vollkommen richtig, daß die Aggression ein Trieb ist, der offenbar notwendig ist, damit ein Mensch sich überhaupt entfalten kann. Die moderne Kinderpsychologie, wie sie heute von Christa Meves vertreten wird, weiß das. Nur die moderne Pädagogik traut sich noch nicht dran, auch zu begreifen, daß die kindliche Aggression auf die elterliche oder autoritäre Gegenaggression wartet und darauf angelegt ist und letzten Endes frustriert und verzweifelt, wenn sie nicht kommt. Das ist alles recht und gut, aber der metaphysische Anteil – das echte Böse –, an dem Lorenz sich in diesem Buch allzu schnell vorbeischlängelt, kommt zu kurz, und darum ist das Buch gefährlich als eine Utopie. Denn wenn Lorenz schließlich nichts anderes zu bieten hat als den Vorschlag, daß die Menschen doch mehr als bisher im Fußball und in anderen Wettkämpfen ihre Aggressionen ablassen sollten, dann ist das zwar gut gemeint, hat aber wenig zu tun mit Kenntnis über die wirkliche Natur des Menschen. Insofern ist auch „Das sogenannte Böse" ein Land Utopia, in das der Leser hineintreibt, wobei er aber um die Möglichkeit gebracht wird, sich in seinem Hier und Heute anzunehmen oder zu bewähren oder gar zu bessern.

Und so komme ich zum letzten Buch, das ich erwähnen wollte, das ich besonders heftig ablehnen muß, es ist *„Der nackte Affe"* von Morris. Hier geht es nicht um die Aggression, sondern um die Sexualität. Und Morris ist der Durchbruch voll gelungen: Es wird niemandem heute möglich sein, durch die Straße einer Großstadt zu gehen, ohne mindestens 100 sexuelle Auslöser in aller Größe und Deutlichkeit auf sein armes Gemüt einwirken zu sehen. Die Sexwelle rollt; wir haben die nackten Mädchen auf jedem Titelblatt. Die Sexualität ist freigegeben, das Feigenblatt ist weggeräumt. Wir sind offenbar zu einer nachparadiesischen neuen Freiheit gekommen, wenn sich auch zeigt, daß das Feigenblatt nun an einer anderen Stelle hängt, nämlich an den Stierhörnern der Aggression.

Daß man unter seiner Sexualität leidet, ist keineswegs der Erfolg falscher christlicher Erziehung. An ihrer Sexualität leiden sehr viel mehr Menschen, als es Christen gibt. An dem Phänomen der beginnenden geschlechtlichen Eigenaktivität leiden alle Kinder der Welt, wenn sie 4 bis 5 Jahre alt werden. Hier sind archetypische, grundsätzlich zum Bild des Menschen dazugehörende Sphären angesprochen, und man kann dieses Problem nicht mit einfachen utopischen Modellen – sei es hier Freikörperkultur, sei es da puritanische Überbehütung – begegnen, sondern man muß das Geheimnis der Sexualität zu ergründen versuchen. Dabei aber kann nichts so sehr stören wie eine voreilige Verkündigung von wissenschaftlichen Halbwahrheiten, die sich alle in das gleiche Gewand kleiden, nämlich in die Formulierung „nichts als". Wenn einer schon anfängt: „Der Mensch ist nichts als ...", dann ist das immer eine unerlaubte, einseitige, verengte Deutung, die den anderen überwältigt oder vergewaltigt. „Der Mensch ist nichts als ein Sexualwesen" – diese Behauptung war ja der Gegenstand des Zorns, der der Freudschen Psychoanalyse so frontal entgegenbrandete, und sie war der Grund dafür, daß seine so großartig richtigen naturwissenschaftlichen Erkenntnisse erst ganz allmählich durchdrangen, weil man viel zu empört war über diesen direkten Angriff auf die geheiligte Intimzone der damaligen bürgerlichen Gesellschaft.

Wenn uns Morris nun erklärt, daß der Mensch „eigentlich" ein Sexualwesen wäre, daß er nichts als ein „nackter Affe" sei, nun ja, größere Kontaktzonen, sehr viel mehr erogene Zonen hat – wir können da die unglaublichsten, unmöglichsten und tatsächlich pornografischen Äußerungen finden, und das ist selbstverständlich mit Schuld an seiner weiten Verbreitung –, dann ist das eine Vergewaltigung des Menschenbildes, eine Utopie negativer Art. Er fordert später in seinem zweiten Buch „Der Menschenzoo" direkt dazu auf, wir sollten doch den sexuellen freien „Wildpark" schaffen, in den der Mensch eigentlich seiner Natur nach gehört; wir sollten doch alle diese albernen Schranken von bürgerlicher Moral, wie Einehe (oder überhaupt Ehe) und Treue, nun mal endlich unterscheiden lernen von dem ganz gesunden, natürlichen, animalischen Bedürfnis nach Sexualität. Die sich sehr bald einstellende Langeweile, so sagt er, gibt uns den deutlichsten Hinweis, daß der Mensch in ständigem Wechsel allein sein sexuelles Triebziel wirklich befriedigend erreichen könnte. Und warum denn auch nicht, wo doch die Tiere uns das dauernd vormachen? Solche Behauptung ist von dieser letzten Bemerkung her allerdings sofort als unsinnig abzutun, denn die Tiere sind weit weniger sexualisiert als der Mensch, besonders der gerade sich selbst aufheizende in dieser Generation. Das tierische Sexualleben ist zyklisch und kann ganze Jahre hindurch ganz unterbleiben. Morris hat in seinem zweiten Buch *„Der Menschenzoo"* das Bild eines Psychopathen geliefert. Es hat nämlich den sensitiven Beziehungswahn eines Menschen, der, auf eine Idee eingeschworen, in jedem einzelnen Gegenstand und Phänomen seiner Umgebung einen direkten Hinweis darauf sieht. Das hat im normalen Leben des Menschen nur im Zustand der Verliebtheit eine Bedeutung; da sind wir alle sensitiv beziehungswahnsinnig; denn wir sehen in jedem Ding, in jedem Gruß, in jedem Nichtgruß oder jeder Nichtbeachtung immer gleichzeitig einen direkten Bezug auf uns.

Insofern meine ich, daß „der nackte Affe“ ein wirklich böses Buch ist; denn hier wird eine negative Utopie als direkte Versuchung in den Raum gestellt. Der Mensch ist nun einmal in dieser Versuchungssituation, und insofern kann der Mündige und Reife mit Gelassenheit den Versucher in jeder Gestalt erwarten, und der Christ bemüht sich, bereit zu sein für diese Stunde der Versuchung. Aber wir wissen auch, was für ein seltenes Glück es bedeutet, wenn einer überhaupt mündig und reif wird, zur Entscheidung überhaupt fähig, und an seelischen Fehlentwicklungen vorbeigeht, die so ganz nah in seiner eigenen Kinderstube und Erziehung und Gesellschaft lauern und ihn bedrohen. Wir haben alle Angehörige, für die wir verantwortlich sind und von denen wir wissen, daß sie diese freie Entscheidung in einer Versuchungssituation noch nicht leisten können. Diese Entscheidung aber in der Situation der Versuchung – und jede Utopie ist eine Versuchung – schafft erst die Zukunft, die sie vorgaukelt.

Das ist wohl das Letzte, Wesentliche, was wir hierbei erkennen müssen. Die Zukunft wird so, wie wir sie fürchten, oder sie wird so, wie wir sie erhoffen. Jedenfalls wird sie ganz gewiß so, wie wir sie uns bereiten hier auf der Erde, und das ist offenbar unsere eigentliche Aufgabe, und zwar mit der ganzen Last der Verheißung, das Ebenbild Gottes zu sein, was immer das auch im einzelnen heißen mag. Wir haben tatsächlich die Macht, die Zukunft sich so entwickeln zu lassen, wie wir sie selbst setzend und selbst entscheidend entwerfen. Dieses Setzen, was „gut“

und „böse“ ist, ist die letzte Aussage und der letzte Sinn des großartigen alten Mythos vom Sündenfall. Und wir wissen, daß es auch sprachlich in der Schrift so zu verstehen ist: „Erkennen, was gut und böse ist“, steht dort gar nicht. „Erkennen“, was gut und böse ist, konnten Adam und Eva auch vorher schon, sonst hätte man ihnen ein Verbot ja gar nicht geben können. Aber sie setzen es! Das hebräische Wort, was hier steht, ist das gleiche, das wenige Sätze später auftritt, als es heißt: „Adam erkannte sein Weib.“ Und sie erkannten, was gut und böse ist. Es ist nicht das „Erkennen“, es ist das Selbst-Setzen, die machtvolle Übernahme der Herrschaft über das, was von nun an gut und böse sein soll.

Wir sind mitten in dieser Entscheidungssituation. Wir können alle Utopien begrüßen; wir können unseren christlichen Glauben daran prüfen, wie wir solchen Hoffnungen oder Gefahren gegenüber reagieren. Die Kirche sollte uns nicht allein lassen auf diesem Weg. Sie sollte hier ihre Leuchtturmfunktion sehen, und sie sollte nicht danach schielen (wir müssen als ihre Gläubigen selbst darauf achten, daß sie nicht danach schielt!), einen faulen Kompromiß mit allen Diesseits-Religionen einzugehen. Die Kirche *soll* nicht klug sein. Ich meine, wir haben sie satt, diese kluge Kirche. Wenn das Christentum eine Frage der Klugheit wäre, würde es nicht 2000 Jahre lang so erfolglos verkündet worden sein. Klug will jeder sein. Christentum ist, wie Paulus es gesagt hat, eine Torheit vor dem Richterstuhl des Verstandes. Wir erwarten nicht von der Kirche, daß sie sich arrangiert mit den jeweils herrschenden soziologischen Vorstellungen, sondern wir erwarten, daß sie praktisch engagiert uns das vorlebt, was sie als Inhalt des Glaubens uns zu verkünden hat, nämlich: daß man sich nicht durch diesseitige Hoffnungen und nicht durch diesseitige Vorteile von jenseitigen Gewißheiten abbringen läßt. Sie sollte ihren heiligen Kern bewahren und auf das wirkliche, ewige Heil verweisen und den

Glauben selbst vorleben, der manchmal „credo quia absurdum“ heißen kann. Sie sollte uns dabei helfen, daß wir selbst Kirche werden in diesem Sinne. Dann wird auch jede Utopie, die Hoffnung weckt, zugleich ihren Zwang auf uns verlieren; dann wird auch jede Utopie, die Furcht und Grauen in uns weckt, zugleich ihre Macht über uns einbüßen. Wenn wir in der Gewißheit leben, daß uns nirgendwo verheißen ist, unbedingt auf dieser Erde glücklich zu werden, sondern daß es andere, überpersönliche, jenseitige Ziele für uns alle gibt, und wenn wir in dieser Gewißheit von der Kirche gestärkt werden und nicht irre werden an uns und ihr zugleich: dann ist ihre Verkündigung im Kern immer die gleiche und wischt alle Utopie und alle Angst vor der Zukunft weg mit dem einen Satz, der hundertmal in unserer Heiligen Schrift verzeichnet ist und uns hundertmal von dort entgegenklingt: „Fürchtet euch nicht!“

Affe oder Ebenbild Gottes?

Ich komm, weiß nit woher,
ich bin und weiß nit wer,
ich fahr, weiß nit wohin
mich wundert's, daß ich fröhlich bin.

Aus diesen verwehten Zeilen eines mittelalterlichen Landsknechtsliedes sprechen die gleiche Sehnsucht, die gleiche Hoffnung und der gleiche Wunsch nach Wissen, wie sie sich in den höchsten Rängen der Philosophie wiederfinden. Es geht um die Frage nach dem Menschen: Wer sind wir, wer ist über uns, wer ist unter uns, wer ist neben uns? Könnten wir die Frage nach diesen drei Dimensionen beantworten, hätten wir den Ort und den Sinn unserer eigenen Existenz bestimmt. Da nach Kant die Frage dieser Existenzbestimmung ein unbezwingbares Bedürfnis der menschlichen Vernunft ist, wird die Stellung des Menschen innerhalb der Schöpfung zur Grundfrage des Lebens überhaupt.

Der gläubige Christ fand zu allen Zeiten am Anfang der Bibel gleich zweimal Antwort auf die Fragen: Wer bin ich? Wo gehöre ich hin? Was sind meine Qualitäten? Was sind meine Unterschiede zum Tier, zur Materie? Wieviel an mir ist Geist, wieviel ist Staub? Mit Verwunderung kann man – vom naturwissenschaftlichen Standpunkt blickend – feststellen, daß in der Genesis zwei weitgehend gegenläufige Antworten gegeben werden. Einmal die großartige Deszendenzverheißung – quasi die Deszendenztheorie des Jahwisten, nämlich das Herabsteigen von oben in einer langen Schöpfungskette. In diese wird als letztes Glied der Mensch hineingestellt – im Anschluß an die alten babylonischen und griechischen Schöpfungsmythen. Zum anderen wird in der Priesterschrift eine andere Richtung der Schöpfung aufgezeigt, quasi eine Aszendenz, ein Aufsteigen aus dem Schlamm. Der Mensch, der nach dem Schlamm, nach den Pflanzen, nach den Tieren geschaffen wird, erhält seine Stellung an der Spitze einer Pyramide zugewiesen.

Der Bezug und die Dimension der beiden Aussagen am Anfang der Bibel (Jahwist und Priesterschrift) sind also verschieden. Interessanterweise sind zweitausend Jahre Christentum vergangen, ohne daß Schwierigkeiten aufgetreten wären, mit beiden sich teilweise widersprechenden Aussagen als Christ zu leben. Es ist offenbar möglich, mit Widersprüchen zu leben! Wir müssen heute wieder lernen, was man jahrtausendelang als selbstverständlich wußte und lebte, daß nämlich der Widerspruch nicht das letzte Wort in einem Prozeß ist, nach dem nur noch das Urteil Nein kommt, sondern daß der Widerspruch etwas ist, was das Herz des Menschen auf seine Tragfähigkeit prüft. Ein Beweis ist dagegen etwas, was das eigene Engagement unnötig macht. Zwar kann man in der Logik nicht ohne Beweise auskommen, denn in ihr muß man aufhören, wenn man am Widerspruch ankommt. Aber weder Wissenschaft noch Glauben enden an der Stelle, wo die Beweise aufhören, denn gerade dort muß in beiden Bereichen das Engagement beginnen. Das aber ist die eigentlich menschliche Aufgabe.

Sieht man von den divergierenden Aussagen am Anfang der Bibel ab, stand doch für viele Jahrhunderte für die Christen fest, daß der Mensch ein geadeltes Geschöpf in dieser Welt ist; geadelt durch die Liebe Gottes und durch die Ansprache, die er von Gott erfahren hat. Dadurch war er fundamental vom Tier und von aller anderen Natur unterschieden. Und deshalb war Naturwissenschaft die Ancilla theologiae, die Magd der Theologie. Sie hatte nur einen frommen Kommentar zu dem zu liefern, was von der Theologie her über allen Zweifel klar war. Sie hatte die z. T. verwirrenden Fakten zu deuten, die aus dem Bereich der Theologie herüberragten (vgl. z. B. die Physiologus-Literatur des Mittelalters). Ihre Aufgabe hieß: Erkläre der Mitwelt nicht aus der Scriptura, wie es die Theologen tun, sondern aus der Creatio, aus der lebenden Schöpfung, wie sich die Weisheit des Schöpfers zeigt und wie gut er alles eingerichtet hat. Ein wesentlicher Gegenstand der Forschung war dabei der Mensch selbst, er wurde zum Prüfstein der naturwissenschaftlichen Aussage. Dies führte, als die Naturwissenschaft allmählich ihren eigenen Weg – als eigenständiger Bereich menschlicher Tätigkeit – zu gehen begann, dazu, daß der Mensch in zwei Partien unterschieden wird; er ist einmal etwas Seelisches und zum anderen etwas Körperliches. Soweit man über den Menschen seelisch zu forschen beginnt, geschieht das durch Nachdenken, durch Diskussion, durch Erwägungen des Für und Wider dieser oder jener Prinzipien. Soweit man aber den Menschen als ein körperliches Wesen ansieht, kann diese Forschung in ganz anderem Sinn ansetzen. Denn einen Körper kann man im Gegensatz zu einer Seele zergliedern und anschließend wieder zusammensetzen. Man kann mit einer gewissen Aussicht auf Erfolg in die Tiefe und ins Detail dringen; man kann (als einzigen Weg der Wissenschaft, Fakten zu vermehren) vergleichen.

Körperlich aber ist der Mensch zu erforschen, indem man den Affen seziert. Diesen Weg hatte schon Aristoteles gewiesen, als er feststellte, daß der Körper des Affen mit dem des Menschen identisch sei. Allerdings wissen wir heute, daß Aristoteles nur drei Affenarten kannte: Meerkatzen, Paviane und Berber-Affen; aber keinen Menschenaffen. Auf der These des Aristoteles aufbauend, hat sich dessen großer Nachfolger auf dem Gebiet der Medizin, Galen, daran gemacht, den Körper des Affen ganz genau zu beobachten und wiederzugeben in einem großartigen Werk, das eine Tragkraft von mehr als tausend Jahren entfaltete. Galen bestimmte damit für tausend Jahre die Naturgeschichte des Menschen; mit seinem Buch betrieb man das Studium der Medizin. Erst 1543 trat in der Erforschung des Menschen hinsichtlich seines Körpers eine Wende ein, die man geradezu die galileische Wende der Menschenkunde nennen kann. Der junge Vesalius wagt gegen alle seinerzeitigen Autoritäten in seinem Buch „de humani Corporis fabrica" zu sagen, was er in mühevoller, nächtlicher, heimlich betriebener Sektionsarbeit am menschlichen Körper erkannt hatte: der Mensch ist anders gebaut als der Affe.

Interessanterweise stehen wir hier zunächst vor dem umgekehrten Prozeß, mit dem wir uns heute auseinanderzusetzen haben. Aus der seit Aristoteles bestehenden selbstverständlichen Gewißheit der körperlichen Nähe von Affe und Mensch mußte die Naturwissenschaft erst einmal heraus; denn es war falsch, was Aristoteles gesagt hatte. So großartig aber die Entdeckung des Vesalius war, können wir doch gleichzeitig das immanente Gesetz der Naturwissenschaft bestätigt finden, daß die Wahrheit von heute der Irrtum von morgen ist. Denn nachdem sich diese neue Lehre, daß der Mensch durchaus auch körperlich etwas anderes ist als der Affe, daß er nicht nur ein Humanum, sondern viele Humana im Körperlichen aufzuweisen hat, kaum herumgesprochen hatte, wurde sie schon wieder umgestoßen. Im 17. Jahrhundert nämlich treten endlich die Lebewesen in den Bereich der Forschung und werden ihr zugänglich, die eigentlich erst die Frage nach dem Menschen ganz neu – und bis heute – stellen. Das sind die dem Menschen so außerordentlich ähnlichen Menschenaffen (Gorilla, Schimpanse, Orang-Utan), von denen man vorher nichts wußte. Wir können uns heute kaum vorstellen, welches Aufsehen es erregte, als die ersten z. T. noch sagenhaften Schilderungen der Menschenaffen nach Europa gelangten. Als dann im frühen 17. Jahrhundert der englische Anatom Tyson als erster die

Möglichkeit hatte, einen Schimpansen zu sezieren, stellte er im Gegensatz zu Vesalius und damit zur völligen Verwirrung der seinerzeitigen Situation fest, daß dieses Lebewesen in achtundvierzig Merkmalen dem Menschen mehr als allen bekannten Tieren gleicht. Der Schimpanse ist körperlich ein Mensch; der Affe ist vom Menschen nicht mehr ausreichend unterschieden, die zoologische Ähnlichkeit mit dem Menschen ist vielmehr so groß, daß die Sonderstellung der Gattung Homo erschüttert war. Kannte man zunächst noch einen ganzen Katalog von Merkmalen, deren jedes als ein Humanum den Menschen auch zoologisch von den Tieren unterscheiden sollte, so waren das gewissermaßen die phänomenologischen Menschenbeweise, die nun im Fortschreiten der vergleichenden Anatomie (Vesalius, Tyson, Camper) immer weiter dahinschmolzen.

So zieht Carl v. Linné die Konsequenz aus den Erkenntnissen Tysons und sagt: Mensch und Menschenaffe sind zwei Arten einer Gattung. Damit war endgültig ein Ärgernis der Scholastik beseitigt. Konnte noch Albertus Magnus im Gegensatz zu allen Vorschriften der scholastischen Logik die Gattung „homo" mit nur einer einzigen Art, mit der einzigen Art „Mensch" belehnen, hatte nun auch diese Gattung wieder mehrere Arten, die sich nur durch ihre essentiae unterscheiden. Nach Linné gibt es einmal die Art Homo sapiens, die uns allen aus eigener Erfahrung und ständigem Umgang bekannt ist; und zum anderen die Art Homo nocturnus. Mit dieser anderen Art ist der Orang-Utan gemeint (Orang-Utan ist malaiisch und heißt Waldmensch). In der Schilderung mischt sich Wissenschaft und Sage, wenn Linné seinen Homo nocturnus beschreibt: Tags ruht er, erblindet, nachts kann er sehen und zieht auf Nahrungssuche aus; er denkt, daß die Erde für ihn erschaffen worden sei; er kann sprechen, tut es aber gewöhnlich nicht, weil er dazu zu schlau ist, denn sonst müßte er arbeiten.

Nun, heute wissen wir, ganz so schlau ist der Affe nicht.

Aber wie schlau er ist, ist eine uns ständig bewegende Frage, denn hierbei geht es immer um die Reservation unserer eigenen Würde. Je schlauer der Affe ist, um so weniger bleibt von uns – in unserer eigenen Würde – übrig. Und gerade deshalb hat sich in der Naturwissenschaft vom Menschen ein erbitterter Kampf um die Auf- oder Abwertung des Affen abgespielt. Einen Schlußstrich unter die Wiederhereinholung des Affen in die Nachbarschaft des Menschen setzt die Evolutionslehre mit Darwin, Huxley und Haeckel. Letztere verkünden mutig die Tatsache, die Darwin nur heimlich flüsterte, daß Mensch und Affe miteinander blutsverwandt sind.

Damit setzt sich klar und deutlich eine „natürliche Schöpfungsgeschichte" als Aussage der Naturwissenschaft gegen die biblische Schöpfungsgeschichte. Damit sind die Gläubigen in ein Schisma getrieben, in eine Entscheidungssituation, die sie überfordert. Denn sie verlangt nicht weniger, als sich entweder vom Glauben oder vom Augenschein und Wissen loszusagen. Wer aber eine solche Forderung aufstellt, kann bei einem vernunftbegabten Wesen auf die Dauer nichts anderes erwarten, als daß es sich vom Glauben lossagen wird. Denn die Vorteile des Wissens sind, daß es sich beweisen läßt. Dagegen besteht das eigentliche Wesen des Glaubens darin, daß er sich nicht beweisen läßt, ja keine Beweise braucht. Demgemäß kann man – resignierend – nur feststellen: der Mensch ist nicht zu beweisen. Wir kommen, wenn wir auf den verschiedenen Wegen weitergehen, die uns unsere Vernunft anbietet und zwingend von uns fordert, zu einer Widersprüchlichkeit, die sich in der Sache nicht mehr auflöst, die sich nur auflösen kann in dem Engagement eines persönlichen Aktes.

Ist der Mensch eine Tierart, ein Nachbar vom Affen in der gleichen Gattung; oder ist er ein Ebenbild Gottes? Das sind zwei Möglichkeiten, die einander von ihrer Position nichts abnehmen und auch nichts zufügen können. Daß der Mensch letztlich nicht zu beweisen ist, ist vielleicht gerade ein unerwarteter, neuer Hinweis darauf, daß er ein Ebenbild Gottes ist, denn er hat diese Eigenschaft mit ihm gemeinsam: auch Gott ist nicht zu beweisen. Allerdings, daß man ihn nicht beweist, ist andererseits auch kein Beweis gegen ihn.

Was ist aber dann mit dem Geist, mit der Seele, wenn es mit dem Körper so gestellt ist, daß er nichts hergibt für die beruhigende Gewißheit, der Mensch sei eben etwas ganz anderes? Die Evolutionslehre setzt den Menschen einem Wurm gleich; einem Wurm, dem man zweihundert Millionen Jahre Zeit lassen mußte, bis er sich durch den Staub gewühlt hatte, sein Haupt hebt und sich „homo sapiens" nennt.

Andererseits ist der Mensch ein Geistwesen; der göttliche Funke, der Geist, unsere Seele, ist eben das, was uns als Menschen eigentlich ausmacht und von den Tieren unterscheidet. Angesichts des Menschen als geistige oder seelische Existenz erwies sich die Aussage des Aristoteles als tragfähig für zweitausend Jahre. Nach Aristoteles gibt es die Stufe des aestheticon, der Empfindungsseele. Auf diese baut sich dann eine neue Stufe auf, mit dem göttlichen nous, mit der Vernunft. Diese Stufe nimmt der Mensch ein. Daß sich diese Lehre so lange gehalten hat, hängt damit zusammen, daß sie auch von den tiefsten Schichten unseres Selbstverständnisses, von unserem Unterbewußten, immer wieder voll bejaht und bestätigt wird, so daß der Verdacht nicht auszuschließen ist, daß sie ganz einfach wahr ist. Deshalb auch erfuhr die Lehre des Aristoteles quasi eine Modernisierung und christliche Politur durch Thomas von Aquin. Genau wie Aristoteles unterscheidet er zwischen den beiden Stufen der anima sensitiva (der Gefühlsseele) und der anima intellectualis, die nur dem Menschen eigen ist. Es sind dies zwei in sich ganz verschiedene Stufen. Zwar mag der Mensch in seinen niederen Gefühlen Gemeinsamkeiten mit den Tieren haben; aber die Möglichkeit, Intellekt zu haben, hebt ihn weit über diese Stufe der anima sensitiva heraus. Im Prinzip hält diese Lehre zweitausend Jahre. Aber dann bricht sie doch auseinander in die polaren Möglichkeiten der Ansicht der Natur. Diese polare Möglichkeit, die man in Kontemplation oder Forschung, im homo faber oder homo contemplativus, immer wieder finden kann, soll beispielhaft an Descartes und Paracelsus aufgezeigt werden.

Descartes geht so weit zu sagen: Die anima sensitiva ist eigentlich gar nichts Wirkliches, denn das Tier ist eine Maschine. Wenn es uns so scheint, es wäre keine Maschine, dann ist das unsere Projektion. Wir hören zwar den Hund, dem man auf den Schwanz tritt, jaulen – das ist keine Augen- und Ohrentäuschung. Aber eine Aussage, daß dieser Hund Schmerz empfindet, ist vollkommen unberechtigt, letztlich auch gar nicht zu beweisen. In der neueren Naturwissenschaft setzt sich diese Ansicht fort, etwa bei Pawlow, Virchow und Haeckel. Ihre These heißt: Es gibt keine Seele. Spottend sagt Haeckel über diese: Man müßte sie doch als Schnee niederschlagen können, wenn man den Körper genug abgekühlt hat. Ähnlich „intelligent“ äußert sich Virchow: Er habe die Seele nie finden können, obwohl er den Körper des Menschen soviel durchforscht habe. Eine parallele – ebenso alberne – Aussage ist die der russischen Weltraumfahrer, die Gott nicht hinter dem Mond finden konnten. Ob sie ihn dort wirklich gesucht haben? Die These, daß es keine Seele gibt, ist typisch für eine konsequente Entwicklung der naturwissenschaftlichen Behandlung des Phänomens Geist und Seele.

Dagegen steht die andere, von Paracelsus vertretene These, die ebenso konsequent und in sich systemimmanent, unangreifbar ist: eigentlich gibt es nur Seele, alles andere ist mehr oder weniger Beiwerk. So sagt z. B. Leibniz: Verworrene Vorstellungen sind die Materie; klare, wirkliche, echte Phänomene sind nur die geistigen. Und Luther, der ja nur selten als Naturwissenschaftler oder gar Zoologe zitiert wird, äußert sich ähnlich: „Ich glaube, daß auch die Belferlein und Hündlein eine unsterbliche Seele haben und in den Himmel kommen." Zwei Thesen stehen sich polar gegenüber. Einmal: Seele und Geist sind beim Menschen *und* beim Tier das Eigentliche. Und zum anderen: Seele und Geist gibt es beim Tier überhaupt nicht; und beim Menschen sind sie letzten Endes nur ein frommer Schnörkel, mit dem man zwar gut leben kann, der aber nichts mit Wahrheit zu tun hat.

In dieses polare Feld von Aussagen über den Menschen und seine Stellung im Weltall fällt nun die naturwissenschaftliche Erforschung der Seele, die man früher ganz unbefangen Psychologie nannte, heute aber neutraler als Verhaltenskunde bezeichnet. Hinsichtlich dieser Erforschung entsteht mit Sigmund Freud eine neue galileische Wende. Ihr erstes Ergebnis gleicht einem Tiefschlag für das Selbstgefühl des Menschen und wird deshalb wütend bekämpft. Dieses erste Ergebnis zerstört das mühsam aufgepäppelte und gegen allen Darwinismus hochgehaltene Menschenbild. Die menschlichen, seelischen Regungen – so heißt es da – sind nichts anderes als die innerhalb eines Sublimierungsprozesses etwas verchromten und polierten Auswirkungen der Sexualität, mithin eines Triebes; jedoch nicht nur irgendeines Triebes, sondern des tierischen Triebes schlechthin, wie ihn auch die Künstler des Mittelalters stets im Tier demonstriert haben. Es ist der Trieb, dessentwegen für uns „Tier" die ambivalente Bedeutung eines Schimpfwortes und zugleich den Ausdruck der Unschuld, des Paradiesischen trägt. Und dieser Trieb steckt schon im Kind. Das ist die ungeheure Entdeckung Freuds, die gleichsam als historischer Nullpunkt einer gewaltigen, neuen Naturwissenschaft anzusehen ist. Sie endlich macht Ernst mit dem Ziel der Aufklärung des 18. Jahrhunderts (Kant, Lessing), dem Aufbruch aus der selbstverschuldeten Unmündigkeit. Deren Ergebnis ist zunächst so etwas wie eine Entmythologisierung des Menschen. Und alles, was sich für und gegen die Entmythologisierung im religiösen Bereich sagen läßt, gilt auch hier: Entmythologisierung ist notwendig, aber sie kann weit über das Ziel hinausschießen, so daß aus Vernunft Unsinn und aus Wohltat Plage wird.

In der Nachfolge Freuds macht man Ernst mit der eigentlichen, mit der naturwissenschaftlich begründeten, d.h. nachprüfbaren, meßbaren, reproduzierbaren Einsicht in das Seelenleben des Menschen, wobei die seelische Sonderstellung des Menschen weitgehend abgebaut wird. Für unsere Zeit leistet auf diesem Gebiet Entscheidendes die Wissenschaft der vergleichenden Verhaltensforschung (Tierpsychologie), weil sie die Verwandtschaft seelischer Phänomene bei Mensch und Tier deutlich macht. Vor allem Konrad Lorenz tritt als genialer Beobachter und Experimentator hervor, der zur Zeit wohl bekannteste unter allen Zoologen der Welt. Der große Erfolg seines sehr bekannten Buches „Das sogenannte Böse" (1963) liegt daran, daß nicht nur über das Verhaltensinventar von Mensch und Tier informiert, sondern daß hier mehr geliefert wird. Wissenschaftliche Information ist ja bei der Mitwelt nur dann interessant und erwünscht, wenn sie einer Erwartungshaltung entspricht (wenn sie mir nützt oder meinem Nachbarn so deutlich schadet, daß ich einen Gewinn davon habe). In diesem Sinn ist die Information im „sogenannten Bösen" mehr als eine Information. Sie ist eine moralische Entlastung – zumindest wird sie als solche auch gegen Lorenz' Absicht verstanden. Lorenz' Buch wird damit quasi zum modernen Ablaß. Wie im Mittelalter zahlt man sein Geld und erhält sein Schriftstück. Stand auf Tetzels Zettel: Deine Sünden sind dir vergeben, so steht in dem modernen Ablaß: Deine Sünden existieren nicht, sind Einbildung. Trotz der verschiedenen Texte ist der Erfolg der Entlastung in beiden Fällen gleich, denn ob mir eine Schuld vergeben oder ausgeredet wird, kommt auf das gleiche heraus. Wer seinem Aggressionstrieb entkommen möchte, findet hier einen „Notausstieg", indem er dieses Buch so mißversteht und so interpretiert, als ob dort geschrieben wäre: Haut nur kräftig zu auf die Nase des Nachbarn, denn das ist altes biologisches Erbteil. Hätte nicht das, was die Genesis im Kain-und-Abel-Bild entwirft, wirklich am Anfang der menschlichen Kultur gestanden, dann wären wir nicht das, was wir heute sind!

Obwohl dies leider stimmt, ist es keine moralische Entlastung im Hinblick auf die menschliche Aggression. Lorenz zeigt, daß das „sogenannte Böse" des Menschen bei den Tieren als Aggressionstrieb in bestürzend ähnlicher Weise wirksam ist. Nicht einfach zerstörerische Wut ist es, die im Menschen und im gereizten Tier wohnt. Deshalb wäre es auch irrsinnig, zu hoffen, diese Aggression durch einen chirurgischen Eingriff an unseren Chromosomen zu beseitigen und dadurch ein friedliches Volk von berufsmäßigen Engeln auf der Erde zu schaffen. Lorenz zeigt, daß Aggression einen klaren Stellenwert im Verhaltensinventar der Tiere hat, daß sie dringend notwendig ist, damit ein Tier seinen Raum um sich schafft, sowohl zur Seite hin gegen die Rivalen als auch nach oben und unten hin innerhalb der Hierarchie, der sogenannten Hackordnung, seiner Herde.

Somit ist klar, daß dieser Aggressionstrieb die Voraussetzung dafür schafft, daß der Mensch überhaupt Persönlichkeit werden kann. Denn keiner von uns kann noch er selbst sein, wenn ihn seine Nachbarn von den Seiten oder von oben und unten zu sehr bedrängen. Das gilt für den Menschen wie für das Tier. Ein bestimmter Abstand, der von Art zu Art verschieden ist, muß dasein, damit sich ein Lebewesen frei entfalten kann. Diesen Abstand muß es sich erkämpfen. In der modernen Kinderpsychologie hat Christa Meves gezeigt, daß man den Vergleich zwischen Tier und Mensch noch weiterführen kann. Denn auch im Einzelleben eines jeden Kindes ist die Ablösungsphase, die sogenannte Trotzphase, in der sich die Aggression gegen die bergende Umwelt – zunächst die Eltern – richtet, ein notwendiger Schritt, um überhaupt den Raum zu bekommen, in dem das wachsen kann, was die Eltern sich selbst so dringend wünschen: die selbständige Persönlichkeit ihres Kindes.

Damit das gelingt, muß der Widerstand, der sich dieser Aggression entgegensetzt, allerdings federnd sein. Eine starre Wand als Widerstand läßt sich nicht erweitern. Ein sofort zurückweichender Widerstand aber frustriert, verärgert, verunsichert den Menschen. Die Art dieses federnden Widerstandes können wir gerade von den Tieren lernen, weil bei ihnen im Gegensatz zum Menschen die Aggression immer *fair* verläuft. Es gibt den fairen Kampf, es gibt das Symbol, das an die Stelle der Aggression tritt, was so weit gehen kann, daß bei vielen Herdentieren schon das direkte Anblicken als Aggression betrachtet wird. So gilt z.B. bei jedem Gorilla oder Wolf: Wenn ein Jungtier ihm direkt ins Auge blickt und nicht – was es sollte – die Augen niederschlägt, dann ist das ein Angriff, der jeweils der betreffenden Art gemäß erwidert wird. Diese „Komment-Kämpfe", die in einer verblüffenden Fülle von Möglichkeiten ausgeführt werden, sind z.T. viel komplizierter als die kompliziertesten mittelalterlichen Turniere. Es gibt also scheinbar Parallelen zwischen der Hackordnung der Tiere und der der Menschen, die unter Umständen sogar den Wunsch erwecken können: Ach, wär' doch unsere Hackordnung tierisch statt menschlich, dann wär's ja viel besser um die Menschheit bestellt! Denken wir uns z.B. eine Beamtenhierarchie, die nur mittels einer Hackordnung existieren würde! Bei den tierischen Hackordnungen gibt es keine Planstellen, sondern jeder einzelne muß seinen Rang regelmäßig gegen den berechtigten Herausforderer verteidigen. An der Spitze steht grundsätzlich immer nur der, der diese Spitze aktiv – mittels körperlicher Kraft – „verdient" hat. Jedoch, wollten wir uns eine Beamtenhierarchie wünschen, in der z.B. die Boxchampions die Spitzenpositionen einnehmen? Wohl kaum. Wir können allerdings hinsichtlich der Verhaltensweise bei den allerhöchsten tierischen Gemeinschaften, denen der Menschenaffen, eine vergleichsweise interessante Feststellung machen. Auch dort gibt es eine strenge Hierarchie; auch sie ist dynamisch. Im Gegensatz zu andern Tierarten tritt aber ein bemerkenswerter Wandel insofern ein, als der Halter einer Spitzenposition diese nicht mehr durch körperliche Stärke zu verteidigen braucht, sondern auch dann noch respektiert wird, wenn seine Kräfte nachlassen. Hier scheint es so etwas zu geben wie Respekt vor der Erfahrung, vor der geistigen Leistung des Alters.

Aggression ist also auch bei uns ein treibendes Prinzip, das Raum schafft. Sie arbeitet dabei offenbar überall mit den gleichen Grundstrukturen – Lorenz nennt sie: angeborene Auslösermechanismen und Prägungen. Dem Tier ist vieles angeboren: der Feind, vor dem es sich ducken muß, nach dem es stößt und schlägt. Anderes wird ihm in einem Lehrprozeß einprogrammiert – genau wie dem Menschen. Ein Tier *muß* innerhalb dieser einprogrammierten oder ererbten Ordnung reagieren. Deshalb lassen sich seine Reaktionen durch die Verhaltensforschung genau vorausberechnen.

Und hier, im Vergleich mit dem Menschen, leuchtet auf dem Hintergrund dieser scheinbaren naturwissenschaftlichen Gleichmacherei von der Verhaltensforschung her die eigentliche Möglichkeit auf, uns zu unterscheiden. Zwar ist auch der Mensch geprägt, programmiert; auch er reagiert nach bestimmten Gesetzen. So spüren auch wir, was uns sympathisch oder unsympathisch ist, wann wir draufschlagen wollen oder herausfordernd uns strecken und recken wollen. Aber wir brauchen es nicht zu tun! Aufgrund dieser an sich ganz selbstverständlichen Gewißheit gewinnen wir durch die heutige Naturwissenschaft wieder einen festen Stand für unser Menschenbild. Daß der Mensch gegen seine Prägungen angehen kann, erfahren wir schon im Neuen Testament: beim barmherzigen Samariter. Interpretiert man dieses großartige Bild für die ethische Verhaltensnorm des Menschen einmal naturwissenschaftlich, dann wird uns an ihm gezeigt: Der Samariter hilft nicht seinem Freund – das würde manches Tier auch tun, sondern er hilft einem homo quidem, irgendeinem beliebigen Mitmenschen, der ihn eigentlich gar nichts angeht. Und das kann eben nur ein Mensch. Daß uns gerade dies im Neuen Testament als Vorschrift gegeben wird, heißt, daß wir aufgefordert werden, uns *menschlich* zu benehmen, d.h., im wahren Sinn vom Tier zu unterscheiden.

Es muß aber hinzugefügt werden: Das *kann* zwar nur ein Mensch, das fällt dem Menschen aber keineswegs leicht; und es kann daher auch nicht *jeder* Mensch, im Gleichnis vom Samariter kann es z.B. der Hohepriester nicht, „er ging vorüber". Denn wir wissen, daß es eine Tugend – christlich: eine Gnade – ist, wenn jemand so weit Herr im eigenen Haus seiner Antriebe ist, daß er mit ihnen fertig wird und sagt: Ich möchte das zwar, aber ich tue es nicht, weil ich höhere, andere Einsichten habe. Dazu muß der Mensch gesund, muß mündig – erwachsen – sein, muß seine Verklemmungen und neurotischen Verkrampfungen, die ihm etwa die Erziehung und die Gesellschaft aufgebürdet haben, abgeworfen und zu sich selbst zurückgefunden haben. Dann findet man sich plötzlich mitten auf dem Weg, der uns auch von unserer christlichen Religion als der richtige Lebensweg vorgehalten wird: seinen Trieben nicht einfach unreflektiert zu folgen, sondern ihnen auch entgegenzuhalten; freilich ihnen nicht unbedingt und immer entgegenzuhalten, denn das wäre wieder eine Patentlösung, mit der man der echten Entscheidung entgeht.

Aber nicht nur die Aggression ist ein Gebiet, bei dem wir dringend Entlastung brauchten, wenn wir schon nicht bereit sind, uns mit unserer Schuld auseinanderzusetzen, zumal wir ja anfällig sind für den „Verführer", der uns sagt: die Schuld ist gar nicht da. Auch die *Sexualität* ist ein Gebiet, in dem der Mensch fühlt, daß irgendwelche schwierigen Schuldfragen auftreten. Sich von ihnen loszusagen ist ein starkes Bedürfnis, das in der derzeitigen Sexwelle demonstriert wird. Naturwissenschaftlich verbrämt bietet Morris in seinem Buch „Der Nackte Affe“ eine solche Entlastung an. Er zeigt, wie alles im menschlichen Liebesleben tierische Wurzeln hat. Er zeigt, daß alle Ausdrucksformen, die körperliche Liebe überhaupt haben kann, sich letztlich im tierischen Verhalten wiederfinden. Das braucht freilich nichts Schimpfliches und Schmähliches zu sein. Aber Morris argumentiert in ausgesprochen schlechter und schimpflicher Weise, als ob die Naturwissenschaft vom Menschen, durch die Verhaltenskunde an Tieren unterstützt, zur Aussage berechtigt sei: Der Mensch ist ein Affe unter vielen; er unterscheidet sich von den anderen Affen nur dadurch, daß er sich z. B. unter Ablegung seines Felles zusätzlich erogene Zonen geschafft hat und sich nun in einem Wildpark der Triebe recht erotisch auslebt, damit seine Art weiterhin gedeiht.

Daß die These von Morris nicht stimmt, zeigt sich selbst noch in der überbrodelnden Befreiungsseligkeit der jetzigen Sexwelle. Und dennoch ist sie nicht einfach falsch. Man muß aber eine feine grundsätzliche Unterscheidung zwischen den Fakten und ihrer Deutung durchhalten. Wenn jemand sagt: „Dies ist die Ursache von jenem“, dann ist das entweder falsch oder richtig. Innerhalb der Naturwissenschaft läßt sich das entscheiden, weil es eben das Wesen der Naturwissenschaft ist, solche Entscheidungen zu treffen. Wenn aber jemand sagt: „Dieser oder jener Wert besteht eigentlich nur aus diesen und jenen Quantitäten“, dann ist das eine völlig unwissenschaftliche Entscheidung. Es ist z. B. nicht richtig, daß Liebe eigentlich nur Apfelsäure ist oder daß der Mensch eigentlich nur aus 60 Milligramm Desoxyribonukleinsäure besteht. Man kann alle diese großartigen, den Glanz der Naturwissenschaft darstellenden Fakten und auch die der Verhaltenskunde dankbar entgegennehmen, wenn man sich vor dem Elend der Naturwissenschaft hütet, das darin besteht, solche Fakten zu voreiligen Deutungen umzumünzen. Mit den Fakten allein kann man dem Problem einer Deutung des Menschen nicht ausweichen. Denn man kann sogar – sinnvoll – im Widerspruch zu ihnen leben. Dagegen kann man in faktisch völlig einwandfreien logischen Bezügen lebend vor die Hunde gehen.

Nicht der „Nackte Affe“ ist die rechte Bezeichnung des Menschen! Die Psychologie hat entdeckt, daß gerade das Schamgefühl eine typische Struktur der menschlichen Psyche ist. Man kann es zwar manipulieren, und der Mensch lebt dann doch weiter: man kann als schamloser Mensch leben. Man kann als gewissenloser Mensch leben. Man kann mit einem Bein leben. Aber wer wollte, daraus folgernd, sagen: Der normale Mensch hat kein Gewissen, keine Scham und nur ein Bein? Die Möglichkeit der Wegmanipulation mindert nicht den Stellenwert des ursprünglich Vorhandenen. So weiß die moderne wissenschaftliche Kinderpsychologie, daß zwar bei einem fünfjährigen Kind das Schamgefühl auftritt; bei keinem entsprechend alten Affen oder anderen Tier aber tritt etwas auf, was auch nur andeutungsweise mit diesem Schamgefühl vergleichbar wäre. (Das Verhalten des geprügelten Hundes, der sich scheinbar schämt und mit hängenden Ohren und niedergeschlagenen Augen seinem Herrn die Pantoffeln bringt, weil er vorher die Gardine zerrissen hat, ist keine Scham, sondern die adäquate Verhaltensweise eines Herdentieres gegenüber dem Alphatier, das erzürnt wurde.) Im fünfjährigen Kind entwickelt sich – zunächst im Ansatz – ein Schamgefühl, wenn es beginnt, sich vor anderen zu verbergen, sich zu verhüllen. Es entsteht das Gefühl, sich vor dem Zugriff, dem Blick der anderen bewahren zu müsse. Das Kind entdeckt Zonen an seinem Körper und in seiner Seele, die andere nicht sehen sollen, bei denen es sich „geniert“. Wenn eine moderne ideologische Pseudowissenschaft hier auch schnell bei der Hand ist mit Hinweisen auf die repressive Erziehung und Tabuisierung durch die böse bürgerliche Gesellschaft, so darf uns das nicht vom eigentlichen Phänomen ablenken: Es sitzt tiefer, als alle Erziehung reicht, und wird daher (gottlob) selbst falsche Erziehungspraktiken überdauern! So rätselhaft und merkwürdig diese Erscheinung ist und soviel Anlaß sie für Theologen und Naturwissenschaftler gibt, sie gemeinsam zu untersuchen, sie ist auf jeden Fall ein klarer Unterschied zu allen Tieren. Denn was uns das Tier am fremdesten macht, das ist die Schamlosigkeit, mit der es seine Genitalien präsentiert oder gar seinen Geschlechtsakt vor unseren Augen vollzieht. Gerade das nennt man tierisch, eben das ist anders als menschlich.

Kehren wir zurück zur Genesis, zu den Bildern des Paradieses und des Sündenfalles. Im Gegensatz zu den Theologen scheuen sich die Naturwissenschaftler immer weniger, die Urgeschichte der Genesis ernst zu nehmen. Denn obwohl das Bestreben bei Theologen und Naturwissenschaftlern das gleiche ist hinsichtlich der Suche nach Wahrheit und nach dem rechten Weg ihrer Verkündung, so scheint es doch, daß die Theologen dabei nicht nur die Naturwissenschaftler, sondern die Menschen insgesamt unterschätzt, fehleingeschätzt haben, wenn sie meinten, man müsse erst entmythologisieren. Deshalb ist es für viele Gläubige ein peinlicher Prozeß, sich von manchen Theologen in dem Bemühen verlassen zu fühlen, ein Mysterium zu wahren. (Prononciert könnte man sagen: Ein Skelett ist ein entmythologisierter Mensch: es ist einwandfrei wahrnehmbar und beweisbar und hatte doch als solche dürre Wahrheit nur die Aufgabe, den eigentlichen Menschen zu tragen. Man muß fragen, ob nicht „wahr“ eine zu grobe Kategorie für das ist, was eigentlich „wirksam“ heißen müßte.) Auf alle Fälle läßt sich feststellen: Der Zug der Naturwissenschaftler hinein in die Mysterien, auch in die großartigen Aussagen der Bibel, führt vorbei an einer ausziehenden Schar von entmythologisierenden Theologen.

Wir leben in einer wissenschaftlich-technischen Welt und haben scheinbar so ganz andere Probleme als frühere Zeiten. Aber sechs Siebentel unseres Wesens, die unter der Oberfläche unseres Bewußtseins sind, haben ihre alten

Probleme bewahrt. Es sind die Probleme, die mit dem Menschen in die Welt kamen und die letztlich den Menschen ausmachen. Eines dieser Probleme ist das der Entscheidung. Man kann vor einer Entscheidung fliehen; und bei manchen heutigen Menschen heißt die Flucht aus der Entscheidung: Wissenschaftsgläubigkeit. Aber der Wissenschaftler selbst fühlt sich keineswegs auf der Flucht, sondern höchstens im Stadium der Grenzüberschreitungen.

Nach der Genesis ist der Mensch das einzige Wesen, das von einem Baum der Erkenntnis gegessen hat, von dem die Tiere nicht essen. Es ist ein Baum, der dem Menschen damals verboten war und der ihm heute scheinbar zuwächst. Und die Erkenntnis, die Frucht der Forschung, ist letztlich die, daß wir nackt sind, d.h., daß man etwas zu verbergen hat, weil man nicht vollkommen ist, und daß man mit sich selbst – berechtigt – unzufrieden ist. Das aber heißt, daß man sich entscheiden kann – und immer wieder falsch entschieden hat. Dies gehört offenbar zum Wesen des Menschen. Die Theologen haben dabei vor allem mit dem Gebiet des „Sich-immer-wieder-falsch-Entscheidens" zu tun, während die Wissenschaftler – respektive die Phänomenologen des Geistes – immer wieder erklären, daß solche Entscheidungsmöglichkeit des freien, mündigen Menschen das Letzte ist, was wir in wissenschaftlicher Aussage noch als Bild des Menschen erkennen. Man kann das alles freilich auch leugnen; dann ist man eben dem Tier gleich. Denn wer leugnet, daß es eigentlich Menschliches in unseren Zügen, in unseren Antrieben und in unseren Seelen gibt, der bestimmt damit, daß wir ein Tier sind, wobei er den Begriff „Tier" entsprechend ausdehnt.

Auf die Frage nach dem Menschen, danach, ob wir etwas ganz anderes sind als das Tier, kann nicht von der Naturwissenschaft eine fertige Antwort bezogen werden. Diese Frage muß von jedem einzelnen jeweils neu durch seine eigene Existenz, durch seine eigene Entscheidung beantwortet werden. *Wir* entscheiden, ob der Mensch ein „Nackter Affe" ist. Wir entscheiden, ob unser Böses nur ein „sogenanntes Böses" ist, das uns nicht angerechnet werden kann, oder ob wir dazu stehen als zu einer Sünde, bei der wir nur auf einen gnädigen Richter hoffen können. Das also ist die heutige Situation, und so wurde sie schon in der Genesis beschrieben. Der Mensch steht in einer Natur, die er nur unwesentlich in Teilen verstehen kann, die ihn aber birgt und trägt. Es ist die Natur, die auf jeden Fall neben ihm steht, die ihm unter- und zugeordnet ist, die er z. T. auch zerstört. Von oben aber kommt dem Menschen der Ruf entgegen: „Adam, wo bist du?" Und durch diesen Anruf werden wir in die Entscheidung gerufen. In jedem Augenblick ist von jedem einzelnen Menschen eine Entscheidung zu treffen, eine der zwei möglichen Antworten zu wählen. Glanz und Elend des Menschen liegen in der Spanne dieser beiden möglichen Antworten. Da gibt es die eine, die Adam uns vorgemacht hat: sich zu verstecken in den Schlinggewächsen des Urwaldes der Triebe, sich zu verstecken in der Hoffnung, nicht gesehen zu werden, in der Hoffnung, daß es uns nicht angerechnet wird, was unsere Natur ist. Und da gibt es die andere Antwort, die unser christliches Ziel sein sollte:

Herr, hier bin ich!

Die biologische Zukunft des Menschen

Die Biologie ist eine sehr junge Wissenschaft, und wenn ein Biologe sich über die Zukunft des Menschen ausläßt, dann redet er eigentlich über ein Stück Zukunft, das gerade erst begonnen hat. Denn noch vor hundert Jahren gab es so etwas wie eine biologische Zukunft nicht. Damals existierte allenfalls eine biologische Gegenwart des Menschen, mit der sich die Medizin zu beschäftigen hatte. Der Mensch lag wie ein großer mächtiger Findlingsblock in der Welt, und Theologie und Philosophie hatten sich darüber zu beraten, wo er herkäme. Die moderne Biologie ist erst später entstanden, eigentlich, was den Menschen betrifft, erst in dem Moment, als mit Darwin die moderne Evolutionslehre in den Gesichtskreis trat. Es hat viele tausend Jahre menschlicher Geistesgeschichte bedurft, ehe die Wissenschaft so weit war, diesen großartigen Einblick in die Wirklichkeit unserer Welt zu nehmen, der sich mit dem Ausdruck Evolution verbindet. Dabei ist es zunächst sehr hektisch zugegangen: Die Kirche, als die Wahrerin althergebrachter Wahrheiten, mußte einen verlustreichen Kampf bestehen, in dem sie sich von Positionen zurückzuziehen hatte, die sie bis dahin besetzt hielt. Es war niemandem so ganz recht, als er plötzlich erfuhr, er stamme vom Affen ab. Empfindliche Gemüter, wie das Fräulein Ottilie in den Wahlverwandtschaften von Goethe, fielen einfach in Ohnmacht, wenn nur von einem Affen die Rede war. Und es ist in der Tat kein sehr erfreuliches Angebot, mit einem Affen verwandt zu sein, wenn man tausend Jahre lang die Gewißheit gehabt hatte, sich als ein Ebenbild Gottes zu verstehen. Solange man hierin eine Alternative sehen konnte, bei der man sich zu entscheiden hatte, wer hätte da gerne nach dem Affen als Vorfahren gegriffen?

Wir sind nun weiter, diese letzten hundert Jahre sind nicht spurlos vorübergegangen. Zwar gibt es immer noch einige Winkel der Welt – nämlich im modernen Amerika im Staate Tennessee –, wo es den Lehrern verboten ist, den Namen Haeckels oder Darwins im Unterricht zu erwähnen. Aber das sind doch nur die allerletzten Reste einer zurückweichenden, alten Lebensform, während an anderen Orten längst eine neue Sicherheit und ein neues Selbstgefühl Platz gegriffen haben. Wir haben uns nicht nur damit abgefunden, vom Affen abzustammen, sondern wir haben die ganze Wirklichkeit der Evolution begriffen. Wir finden sie jetzt sogar bei Teilhard de Chardin in der Religion als eine positive Aussage wieder. Und wir sehen heute, daß Evolution, nämlich das Werden und der Wandel, eine Verheißung und damit das Wesentliche im Leben des Menschen, der Menschheit überhaupt sind. Wir finden es daher nicht mehr schlimm, vom Affen abzustammen; wir finden es nur schlimm, wenn einer sich aus dieser Herkunft nicht lösen kann und weiterhin ein Affe bleibt, ein nackter Affe etwa gar! Es erscheint uns ja auch selbstverständlich, von dem hilflosen Säugling abzustammen, der wir alle einmal waren. Wir finden es höchstens arg, wenn einer erwachsen ist und sich immer noch säuglingshaft benimmt. Solche Herkunft aus anderen, früheren Zuständen kann uns nur eine zusätzliche Verheißung sein und uns Kraft geben, nämlich die Hoffnung, wirklich weiterkommen zu können.

Die Einsicht in seine biologische Vergangenheit, die der Mensch seit hundert Jahren besitzt, ist zugleich der Preis dafür gewesen, daß er nun auch seine biologische Zukunft sehen kann. Wir wissen dabei sehr wohl, daß wir nicht nur körperlich von Tieren abstammen und aus dem Tierreich herkommen, sondern daß auch alles, was uns am

Menschen wesentlich erscheint – das Geistige, die Sprache, das einsichtige Handeln, die Vernunft –, dort seine Wurzeln hat. Unsere Seele kommt eben auch aus diesem großen organischen Wurzelgrund, in dem die Tiere noch ruhen und aus dem unsere Vorfahren vor etwa einer Million Jahren aufgebrochen sind. Wir haben – und zwar seit Freud – begriffen, daß es auch in unserer Seele Triebe und Strukturen gibt, die sich ganz ähnlich bei höheren Tieren finden. Alles das hat, wie gesagt, einen kurzen Augenblick der Geschichte den Menschen zutiefst bedrückt; denn was bedeutete ihm „Tier" nicht alles: denken wir nur an die Apokalypse oder an das ganze Feld der Mythen. „Tier" war ein Schimpfwort, wenn es auch andererseits zugleich der Inbegriff der Unschuld war. Aber dieser erste Schrekken ist überwunden, und wir haben im Körperlichen wie im Geistigen zu sehen gelernt, daß sich auf diesem tierischen Wurzelgrund erst das eigentliche Menschliche abhebt, ja hier erst erkennbar wird.

Erst wenn man weiß, daß in unserem Geist und in unserer Seele manches genauso zu funktionieren scheint wie bei einem Tier (Freude und Schmerz, ja sogar gewisse Antriebsmechanismen, wie Hinwendung zu schutzbedürftigen kleinen, „niedlichen" Kindern oder Abwendung von Häßlichem und Ekelerregendem), wird zugleich klar, wie eindeutig sich der Mensch über diese gemeinsame Stufe erheben kann, und zwar immer dann, wenn er mit seinen eigenen Antrieben umgeht. Er muß ja nicht so handeln, wie es ihm sein Instinkt sagt; die Tiere dagegen handeln zwangsweise so. Wir haben also bei diesem Einblick in die Biologie, bei diesem kurzen Schreckmoment unserer scheinbar allzu innigen Verwandtschaft mit dem Tier, zugleich etwas erkannt, was sehr wertvoll ist, nämlich eine biologisch, wissenschaftlich begründete Einsicht in die Unterschiede, die uns vom Tier trennen. Wir haben – wie Siegfried im Drachenblut – gebadet in diesem organischen Wurzelgrund, treten nun aber neu und mit einer unverwundbaren Haut versehen wieder daraus hervor. Es ist ganz sicher, daß wir als Menschen mehr sind als nur ein „nackter Affe". Wenn wir diesen Affen in uns erkennen, so ist es richtig und gut; dann haben wir ein Stück Naturwissenschaft geleistet. Wenn wir ihn dann aber zähmen und adoptieren, annehmen und mit ihm umgehen lernen, dann haben wir ein Stück Menschlichkeit geleistet. Nur wenn wir uns mit ihm identifizieren würden, wären wir der lebende Beweis dafür, daß Evolution manchmal gestoppt werden kann und daß manch einer eben Affe bleiben muß! Und warum sollte man nicht zugeben, daß es bei jedem von uns auch zu den allgemeinen Antriebsstrukturen gehört, oft genug in unserer „Natur" steckenzubleiben, nicht herauszugehen, einfach so zu sein wie die anderen auch; einfach ganz organisch und ganz „tierisch" zu reagieren, um uns zu schlagen, wenn uns etwas nicht gefällt, oder uns etwas zu nehmen, wenn es uns lockt und uns gefällt. Aber wir wissen dann doch immer sehr genau, daß dies zwar biologisch richtig ist, aber daß nun erst eigentlich das Bewährungsfeld beginnt, in dem diese gleiche Handlung für den Menschen falsch sein kann.

Wir haben im Organischen, in der allgemeinen Entstehung der Arten, die Gemeinsamkeit zwischen Tieren und Menschen seit Darwin erkannt. Damit aber haben wir zugleich auch den Zugang zu der Erkenntnis der Einmaligkeit des Menschen im Hinblick auf seine Entstehung als Art gewonnen. Das meine ich nicht religiös, mythisch, philosophisch oder irgendwie metaphysisch, sondern ganz wissenschaftlich und biologisch. Denn mit dem Modell der Artentstehung, das Darwin gelehrt hat, nämlich durch Mutationen, durch Erbsprünge, die sich dann selektiv in der Umwelt auslesen, können wir den Menschen, so wie er heute lebt, nicht erklären. Wir wissen genau, wie unendlich langsam sich eine geringfügige Veränderung im Tierreich durchsetzt. Millionen Generationen gehören dazu, damit sich irgendeine neue Struktur an einem Tierkörper bilden kann in diesem Angebot von Mutationen, aus denen dann die Selektion auswählt. Beim Menschen, der bis an die Schwelle der Menschwerdung, bis in das sogenannte Tier-Mensch-Übergangsfeld vor etwa einer Million Jahren, auf genau die gleiche Weise herangewachsen ist, setzt nun plötzlich in diesem Augenblick – denn viel mehr als ein Augenblick ist das nicht in der 4 Milliarden Jahre langen Geschichte unserer Erde – ein ganz neuer Mechanismus ein. Die Mutation ist ein viel zu langsames und umständliches Verfahren, um diese Strecke zu durchlaufen. Es tritt aber in dem Moment, wo unsere Vorfahren begannen, Werkzeuge herzustellen, etwas ganz anderes auf den Plan, was unsere Entwicklung maßlos beschleunigte: die *Intuition,* die Erfindung des einzelnen, der sie durch *Tradition,* Lehre und Sprache weitergibt. Die Evolution brauchte nun nicht mehr darauf zu warten, daß bei dem Vormenschen einmal eine Mutante auftrat, die den Faustkeil etwas besser herstellen konnte, weil sie geschicktere Hände oder eine geschickteren Kopf hatte, und die sich nun in Tausenden von Jahren auslesen und gegenüber den anderen bewähren müßte. Jetzt brauchte nur ein einzelner Mensch einen Faustkeil zu erfinden, der besser funktionierte, schärfer geschliffen oder leichter oder besser zu transportieren war.

Diese Erfindung konnte dieses eine Individuum dann zwar nicht durch seine Chromosomen, wohl aber durch seine Sprache allen anderen mitteilen. Es konnte Kinder in seiner Gruppe belehren, und diese Gruppe konnte sich dann – im Besitz einer Wunderwaffe – in kürzester Zeit gegenüber anderen durchsetzen. So erklären wir das sonst ganz rätselhafte Phänomen, daß der Mensch aus dem langsamen und breiten Strom der Evolution plötzlich ausschert, als hätte er einen Kompressormotor in den Gang seiner Entwicklung eingeschaltet, und nun sich in 45tausend Generationen – so etwa rechnet man, und das ist sehr wenig für einen Biologen – von den Steinwerkzeugen herstellenden Vormenschen zu unserer heutigen, eine ganze Zivilisation und Kultur aufbauenden Menschheit entwikkelt hat.

Die Tradition und die Intuition und damit zugleich die geschichtlich unverlierbare Bedeutung des einzelnen liegen jetzt auf einmal im Blickfeld des Biologen, werden nachforschbare, fühlbare, spürbare, sozusagen beweisbare biologische Sonderheiten des Menschen. Daher sind wir Menschen, darum haben wir es heute „so herrlich weit gebracht". Das ist zwar in Anführungsstriche gesetzt, aber immerhin ist nicht zu leugnen, daß wir, was die äußere Technik betrifft, ganz erhebliche Fortschritte gemacht haben gegenüber unseren armen Vettern aus dem Tierreich. Dazu ist der einzelne nötig gewesen, nicht das eine Genie, das alle tausend Jahre irgendwo einmal die große Erfindung macht, sondern die tausend einzelnen, aus denen sich jede Kultur und jede Nation zusammensetzt, ja, vielleicht die hunderttausend einzelnen, aus denen sich unser Alltag zusammensetzt und immer menschlicher Alltag bleibt, solange wir solche einzelne bleiben, und immer tierischer Alltag wird, wenn wir aufhören, sittlich verantwortliche einzelne zu sein und einfach nur noch alle „Hosianna!" schreien oder „Kreuzigt ihn!"

Der Faustkeil als Mittel, um die Aggression wirksamer zu gestalten und durchzusetzen, ist tatsächlich der greifbare Beweis für die Menschwerdung; kein sehr erfreuliches Merkmal, wenn wir zurückblicken! Denn der Faustkeil diente zum Töten, ganz sicher war das seine Hauptaufgabe. Und wir können nur mit Bewunderung konstatieren, mit welchem tiefen Einblick der Jahwist in der Genesis die Menschheitsgeschichte schildert, wenn er als erste Tat des aus dem Paradies vertriebenen Menschen den Brudermord beschreibt, Kains Mord an Abel. Offenbar hat wirklich die „Menschheit" damit angefangen, daß sie imstande war, ihren Bruder zu töten. Aber wir wollen diesen düsteren Aspekt gleich um seine wesentlich freundlichere Gegenseite erweitern: Der Mensch hat nicht nur von Anbeginn seiner Geschichte seinen Bruder erschlagen, sondern auch seinem Bruder geholfen, wenn dieser in Not war. Die Medizin ist ja auch ein Phänomen, das bei den

Tieren nicht vorkommt. Sie dürfen wir uns genauso in unser Stammbuch schreiben wie die andere traurige Tatsache, daß es den Mord am Artgenossen bei Tieren normalerweise nicht gibt, sondern nur bei uns. Medizinische Versuche, in den Ablauf des Lebens des Nachbarn, des Mitmenschen, helfend einzugreifen, sind so alt wie die Menschheit überhaupt, die Medizin wird uns so früh erkennbar, wie uns Menschen überhaupt erkennbar werden. Selbstverständlich zunächst in magischen Eingriffen, d.h. in Manipulationen, die nicht aus der direkten Wirklichkeit der Handlung, sondern aus den dahinterliegenden erhofften oder gefühlten Bezügen ihre Wirksamkeit beziehen.

Der Mensch ist also von dem Moment an, wo er den Biologen in der Geschichte der Evolution erkennbar wird, das Lebewesen, das sich handelnd dem natürlichen Ablauf der Dinge entgegenstellen kann, das sich nicht nur einfügt in den Strom der Evolution, geschickt einordnet, adaptiert, tarnt, sondern das sich diesem Strom entgegenstellt, an seinem eigenen Schicksal manipuliert und an seiner eigenen Zukunft. Manipulation des Lebens, sei es zum Schaden oder zum Nutzen des Bruders oder der Schwester, ist von Anfang an das Merkmal des Menschen. Insofern leben wir heute zwar in einer Zeit großer Umbrüche, gewaltiger Entwicklungen, die man kaum verfolgen kann, so schnell brechen sie über uns herein, aber wir leben dennoch nur in einer beschleunigten Phase eines Prozesses, der von Anfang an zu uns als Menschen gehört. „Der Mensch ist von Natur ein Kulturwesen", hat Arnold Gehlen gesagt. Das ist unsere eigentliche „Natur", daß wir ihr eine Kultur als Opposition entgegenstellen, daß wir uns nicht mit ihr abfinden, nicht mit unserem eigenen Tod, nicht mit dem Tod unseres Nachbarn und zugleich nicht mit der Zahl unserer Mitmenschen, die wir entweder zu vergrößern oder zu verkleinern vermögen, je nach der augenblicklichen Situation, der Weltanschauung, der geschichtlichen Lage. Es ist also klargeworden, daß wir manipulieren, solange und soweit wir überhaupt Mensch sind, daß nur die Art des Manipulierens und die Verantwortung, die daraus spricht, die Nuancen schafft und daß daher nicht ihre völlige Ablehnung eine Lösung der menschlichen Probleme sein könnte.

Daß jeder Mensch zu seinen wesentlichsten Wünschen den zählt, sein Leben zu erhalten und möglichst schmerzfrei und lange durchzustehen, und daß sich da ganz besondere Hoffnungen auf die Medizin, die moderne und allermodernste Medizin, richten, wissen wir alle. Bei manchen Menschen geht die Hoffnung auf das Diesseits und auf die Fähigkeit der Ärzte so weit, daß sie sich einfrieren lassen mit der Bestimmung, erst wieder aufgetaut zu werden, wenn die Medizin endlich so weit ist, ihre heute noch als unheilbar geltende Krankheit heilen zu können.

Die Zahl derer, die auf diese Art und Weise sich um ihren eigenen Tod zu betrügen versuchen, ist immer noch sehr klein. Dagegen ist die Zahl derer, die von sensationellen chirurgischen Eingriffen eine neugeschenkte Lebenschance erhoffen, sehr viel größer. Die Chirurgie ist heute in den Augen der meisten Zeitgenossen die Königin unter den biotechnischen Wissenschaften, die Herztransplantation ist dabei ganz besonders sensationell geworden. Es ist kein Zufall, daß sie solche Schlagzeilen macht, es ist auch kein Zufall, daß heute die Medizin mit einem so großen Aufwand zu dieser technisch enormen Leistung sich durchschlagen und durchringen konnte. Denn wir leben in einer Zeit, in der für die meisten Menschen das Leben, die Existenz, nur das ist, was hier auf dieser Erde sich abspielt, und für die mit ziemlicher Gewißheit festzustehen scheint, daß es damit eben aus ist bei ihrem Tode. Man kann nichts anderes erwarten, als daß ein Mensch, der sicher ist, daß mit seinem Tode alles zu Ende ist, sich mit äußerster Kraft auch noch an das letzte Fünkchen Leben klammert. Für ihn wäre es gewiß ein eindeutiger Gewinn, noch einen Tag oder noch ein Jahr mit einem fremden Herzen weiterleben zu können. Offenbar ist der

Seelsorger im weißen Kittel hier an die Stelle des Mannes im schwarzen Rock getreten. Von ihm, vom Arzt und seinen Helfern, wird das Heil erwartet, und das Heil, das unseren Körper und unsere Gesundheit betrifft, ist ja in der Tat von ihm zu beziehen. Die Frage, ob Gesundheit wirklich das höchste Gut ist, das ein Mensch besitzt, wird dadurch weitgehend in den Hintergrund gedrängt, und es bleibt denen überlassen, darüber nachzudenken, die dieses „höchste Gut" nicht besitzen, weil sie krank sind.

Wenn wir in die Zukunft blicken, können wir eins mit Sicherheit sagen: Diese Transplantationstechnik und andere, die folgen werden, sind erst der Anfang, und wir werden da noch viel Sensationelles erleben. Wir werden andererseits doch wohl nicht ganz so Spektakuläres erleben, wie es die Illustrierten uns gerne vorgaukeln. So dürfen wir sicher nicht erwarten, daß wir eines Tages das transplantierte Gehirn erleben. Inzwischen macht sich auch bei der Bevölkerung wieder die klare Einsicht breit, die bei den Ärzten schon längst eingekehrt ist: um den Bestand der Menschheit zu bessern, um die Lebenschancen des einzelnen zu steigern, ist es wesentlich wichtiger, Herzen gesund zu erhalten, als ein krankes Herz gegen ein anderes auszutauschen, damit dann dieses andere aus den gleichen Ursachen auch wieder krank wird. Die Zukunft der Herz-Heilkunde besteht sicher nicht darin, aufs äußerste strapazierte und schadhafte Herzen auszutauschen gegen gesunde Menschenherzen oder etwa gegen Schweine- oder Pavianherzen oder gegen Plastikapparate. Alles das ist nicht unmöglich, aber die Zukunft der Medizin und damit unser aller Hoffnung besteht darin, daß es eines Tages möglich sein wird, durch die ärztliche Kunst Herzkrankheiten zu vermeiden. Das allerdings können die Ärzte nicht allein bewerkstelligen: um ein Herz gesund zu erhalten, muß außerdem auch der Patient mithelfen. Nicht das Schadhafte auszuwechseln, sondern das Gesunde zu erhalten ist das letzte erkennbare Ziel beim Fortschritt der Medizin. Damit werden dann solche Techniken, wie wir sie heute in unseren Zeitungen lesen, nur noch in einem Fachgebiet wichtig bleiben, nämlich bei der Unfallchirurgie. Hier können wir allerdings hoffen, daß bei der häufigsten Todesart der Zukunft, nämlich beim Verkehrsunfall, die Chirurgie großartige Leistungen vollbringen wird, um Menschen, die nach heutiger Ansicht unrettbar verloren wären, eben doch noch zusammenzunähen. Und wer wollte bestreiten, daß ein etwas reduzierter und zusammengeflickter Körper für einen gesunden Geist, der mitten im Leben stand, immer noch besser ist, als nun aus dem Leben zu scheiden. Hier also, bei der Unfallchirurgie, ist die große Zeit der Transplantationen sicher erst in ihren Anfängen. Für den Gesundheitszustand der Bevölkerung aber werden ganz andere Dinge wichtig sein. Vielleicht sind dreißig Kniebeugen jeden Morgen für die biologische Zukunft des Menschen wertvoller als eine noch so verfeinerte Technik der Herztransplantation, die ja doch nur einem unter einer Million helfen kann!

Das größte Ziel, das sich jeder setzt, dessen Zukunftshoffnungen in der Medizin liegen, heißt, den Tod überhaupt zu vermeiden. Hier aber ist die Biologie mit der Medizin gemeinsam die Mahnerin, die den Patienten, der so etwas fordert oder hofft, auf das Unsinnige seiner Denkweise hinweisen muß. Wir wissen nun allmählich, was der Tod ist. Genau wissen wir es allerdings nicht (sowenig, wie wir wissen, was das Leben ist): ein peinliches Geständnis, das die Wissenschaft der Biologie hier ablegen muß. Wir wissen sehr genau, wie Leben funktioniert, aber wir haben gleichzeitig erkannt, daß es uns fast unmöglich ist, eindeutig zu definieren, was Leben eigentlich ist. Und wir erlebten im Zusammenhang mit der Herztransplantation, wie außerordentlich schwierig, ja wie eigentlich unmöglich es war, eine für alle zufriedenstellende Definition des Todes zu geben. Wir wissen nicht, wann das Leben anfängt, wir wissen nicht genau, wann es aufhört. Aber wir wissen, warum es aufhört. Es zeigt sich, daß der Verschleiß einzelner Zellen naturgemäß zu unserem Leben dazu gehört, daß der Säugling, der soeben geboren wird, in einigen seiner Organe bereits die zweite oder dritte Zellgeneration besitzt, also bereits stirbt, wenn man so will. Das Leben verläuft in diesem Prozeß des sich verschleißenden Somatischen, Physischen; nur unsere Gehirn- und Nervenzellen sind von diesem Prozeß ausgenommen. Hier ist wohl eine gewisse Verschlackung festzustellen, die aber von der Medizin eines Tages repariert werden könnte, so daß – wie ich überzeugt bin – zur biologischen Zukunft des Menschen auch ein Erreichen der natürlichen Lebensspanne in voller geistiger Klarheit und Frische gehört. Aber nur diese Spanne ist zu erreichen und nicht mehr. Wir müssen lernen, daß nicht der Tod eine Krankheit ist, die man mit Hilfe des Arztes vermeiden kann, sondern daß allein die Furcht vor dem Tode eine Krankheit ist, die man heilen kann und die man heilen soll. Solche Haltung kann die Biologie allein den Menschen nicht bringen, aber sie macht ihr das Feld frei, indem sie unsinnige Hoffnungen zerstört. Denn es ist unsinnig, zu glauben, daß es irgendeinen Saft, irgendeine Pille oder irgendwelche Meisterchirurgen gäbe, die uns von unserem eigenen Tode befreien oder um ihn herummanövrieren könnten.

Dies alles sind die verhältnismäßig beschränkten Möglichkeiten der biologischen Zukunft, soweit sie uns betrifft und unsere Manipulation an uns selbst. Man kann noch hinzufügen, daß wir inzwischen längst ein neues Grundnahrungsmittel für unsere Bevölkerung entwickelt haben: das Medikament. Wir wissen ja, wieviel davon manche Menschen täglich vom Frühstück bis zum Abendbrot hinunterschlucken. Man kann deutlich erkennen, wie der Glaube an diese Pillen an die Stelle getreten ist, an der sonst ganz andere Inhalte wirksam waren. Der Mensch braucht offensichtlich etwas, was seine Hoffnung substantiell greifbar macht. Da kann man sich schon an eine volle Pillenschachtel halten, und dabei muß doch wohl etwas herauskommen (vor allem wenn die Pillen teuer sind;

und in dieser Beziehung lassen uns die Apotheken nie im Stich). Es gibt zweifellos wirksame Pillen, und es gibt sogar ganz eindeutig den Fall der Placebowirkung, also Pillen, die gar nichts enthalten als Zucker und Mehl, und die auch ihre Erfolge zeitigen. Damit will ich nichts gegen Medikamente an sich sagen, sonder ich will nur an die Gläubigkeit, an das Heil aus der Medikamentenröhre erinnern. Andererseits muß zugestanden werden, daß es wirklich großartig, ja unheimlich ist, was man alles mit geeigneten Medikamenten erreichen kann: nicht nur die Behebung von krankhaften Zuständen in unserer Physiologie, sondern die Aufhebung von Schmerzzuständen, ja die Aufhellung von seelischen Trübungen, von Depressionen und anderen qualvollen Zuständen. Was hier mit Medikamenten, die übergehen in den Bereich der Rauschgifte und Drogen, zu erreichen ist, das zeigt uns, daß die Manipulation des Lebens, des eigenen Körpers und der eigenen Seele ein Gebiet ist, das sich in unserer Zeit in seinen Möglichkeiten ungeahnt erweitert hat.

Nun aber zu dem Gebiet, das eigentlich im Mittelpunkt der Aufmerksamkeit und auch der Besorgnis steht. Das ist die Manipulation an dem Leben eines anderen, vor allen Dingen des anderen, das erst geboren wird oder nicht geboren werden soll. Wenn wir von Biologie der menschlichen Zukunft sprechen, dann ist die Geburtenplanung ein Kernbereich unserer Betrachtung. Auch hier muß noch einmal betont werden: Bevölkerungspolitik – so erstaunlich das vielleicht zunächst klingen mag – ist uralte menschliche Praktik. Sie gehört zum Menschen, und sei es nur in der einfachen und nachhaltigen Form, daß man seinen Bruder erschlägt, denn auch das ist ein eindeutiger Eingriff in die Bevölkerungszahl. Aber auch die Einschränkung der Nachkommenschaft gehört offenbar zu den ganz alten Praktiken der Menschheit. Wir finden schon bei Naturvölkern, daß das allgemein menschliche Gesetz, seinen Nächsten zu schützen und zu lieben, immer erst an einer bestimmten Grenze einsetzt; etwa bei Indianervölkern erst nach einer rituellen Aufnahme in den Stamm, sagen wir einmal nach einer „Taufe". Vorher wird ein Kind unter Umständen einfach getötet oder ausgesetzt. Und auch bei uns im Abendland, mitten in der „Wiege der Kultur", in Sparta, hat man Kinder ausgesetzt, wenn sie dem Zuchtziel des Senats oder des einzelnen nicht zu entsprechen schienen.

Geburtenplanung ist schon immer dagewesen, aber nicht nur in dieser aggressiven, so bedenklichen und schlimmen Form der Tötung des Vorhandenen. Sie ist auch schon sehr früh nachweisbar in der Form medikamentöser oder technischer Empfängnisverhütung. Sie ist erkennbar, solange es menschliche Kultur gibt, und zwar auch in der Form eines asketischen Verzichts auf Fortpflanzung, der bei vielen Naturvölkern in merkwürdiger Übereinstimmung eines der Zeichen einer Elitekaste ist. Die priesterliche Enthaltsamkeit ist also nicht spezifisch für den Katholizismus, sondern es gibt diese Erscheinung bei den Priestern von papuanischen Naturvölkern, und es gibt sie in Afrika, und es gab sie auch in Griechenland, genau wie das umgekehrte Verhalten: das sexuelle Vorrecht der Priester. Eingriff in die Geburtenzahl – sei es durch Enthaltung oder Medikamente oder durch nachträgliche Tötung – gehört zum Menschen, so daß wir unsere heutige Zeit, die unter dem Schatten der Antibaby-Pille steht, verstehen müssen als einen Entwicklungsschritt in einer allgemeinen Tendenz. Es muß allerdings zugegeben werden, daß es so elegant wie heute noch nie zuging; so bequem wie mittels der Pille war Empfängnisverhütung noch nie. Und es war auch noch nie so offiziell legitimiert, wie heute, die Geburten zu beschränken. Denn uns hat die Wissenschaft einen Hinweis geliefert, der der ganzen pharmazeutischen Industrie grünes Licht gab für die Möglichkeit, ja sogar die Forderung, eine Pille zu entwikkeln. Ich meine den Hinweis auf die Bevölkerungslawine, die gar nicht zu bestreiten ist, die auch tatsächlich als furchtbare Katastrophe auf uns zukommt; Carl-Friedrich

v. Weizsäcker rechnet damit in den nächsten 100 Jahren; sie wird sich, so meint er, in furchtbaren Hungersnöten deutlich machen, so daß eine Beschränkung der Geburtenzahl so wichtig ist, wie es auf einem Floß nach einem Schiffsuntergang für die Überlebenden wichtig wird, schließlich nicht noch mehr Menschen heraufzulassen, weil sonst alle ertrinken. Aber obwohl das alles für Empfängnisverhütung spricht, wollen wir doch ehrlich genug sein, nicht einen Augenblick zu vergessen, daß wohl kein einziger Mensch hier in unserem Kulturkreis ernsthaft die Pille deshalb gebraucht, damit die Weltbevölkerung in hundert Jahren nicht zu sehr überhandnimmt!

Aber trotzdem: die persönliche Planung seiner Nachkommenschaft wird sicher schon in wenigen Generationen, ja andeutungsweise heute schon, zu einem als selbstverständlich empfundenen Grundrecht der Persönlichkeit, des einzelnen werden. So wie wir es heute als unser Grundrecht empfinden, uns impfen zu lassen, während es noch einige Weltanschauungsgemeinschaften gibt, die sich ein Gefühl dafür bewahrt haben, daß mit der Impfung ein bewußter – wie sie meinen: problematischer – Eingriff in das Walten des Schicksals vorgenommen wird. Es gab im Mittelalter eine Enzyklika, in der der Papst seinen Gläubigen einschärfte, sie sollten sich nur ja nicht unterstehen, irgendwas gegen die Cholera zu unternehmen. Sie wäre eine Geißel Gottes und die hätte man hinzunehmen; dafür wäre sie da, und es wäre Auflehnung gegen Gottes Willen, etwa dagegen einzuschreiten. Wir stehn betroffen von solcher Gewißheit, mit der damals ein Papst Gottes Willen zu kennen glaubte. Wir glauben vielmehr: So genau kennt keiner von uns die Schöpfungsordnung, daß er stets sagen könnte, dies sei erlaubt und richtig, und jenes sei nicht erlaubt und falsch. Dennoch meine ich, daß das Recht auf Verfügung über die eigene Fortpflanzung dem einzelnen als Grundrecht zugebilligt werden muß, wie das Recht auf Gesundheit. Vielleicht werden wir eines Tages sogar so weit kommen, daß der einzelne um sein Recht auf Vermehrung kämpfen muß gegenüber einer Gesellschaft, die ihm dieses Recht insgesamt verwehren wird, unter dem Hinweis auf die immer schwieriger werdende Ernährungslage. Aber solches Recht auf die Planung für sein eigenes Leben trifft zusammen mit einer anderen Forderung, nämlich mit der Pflicht der Fürsorge für das eigene Kind. Wenn die Biologie, die Psychologie und die Medizin heute zunehmend feststellen, wie außerordentlich wichtig die langjährige Betreuung eines Kindes durch eine Person ist, dann kommt eine noch ganz andere Frage auf jede künftige Mutter zu, nämlich die, ob sie überhaupt das Recht hat, sich ein Kind zu wünschen, wenn sie nicht gleichzeitig bereit ist, alle die Pflichten auf sich zu nehmen, die ein Kind nach moderner wissenschaftlicher Ansicht mit sich bringt.

Ich will von der Zukunft und ihren Möglichkeiten berichten, und daher muß ich sagen, daß diese „Pille", die wir heute kennen, noch in die Steinzeit der medikamentösen Geburtenplanung gehört und daß ganz andere, wirklich ungeheuerliche Techniken auf uns zukommen. Auch daß wir das Geschlecht unseres zukünftigen Kindes bestimmen könnten, war früher eine utopische Hoffnung, aber heute liegt es technisch-biologisch bereits im Rahmen des Möglichen. Biologen wissen ganz genau, wie es kommt, daß ein Kind als Junge oder Mädchen geboren wird; wenn man das aber weiß, dann kann man auch Techniken angeben oder entwickeln, die in diesem Prozeß so eingreifen, daß sich ein Kind mit dem gewünschten Geschlecht entwickelt. Es gibt schon die ersten Kliniken, die hier mit ziemlichen Erfolgszahlen arbeiten. Auch das also ist nicht die Zukunft, ebensowenig wie alles das, was unter dem Stickwort „künstliche Befruchtung" läuft. Auch sie ist technisch kein Problem, es gibt in Amerika kaum noch Kälber, die anders als auf diesem Wege erzeugt worden wären. Die natürliche Methode ist viel zu kostspielig und umständlich für die Tierzüchter, und wir wissen, daß die gleichen Methoden der Konservierung und jahrelangen funktionstüchtigen Erhaltung des Spermas beim Menschen wie bei den Tieren durchzuführen sind. Man kann eine männliche Keumzelle von einem Rind, aber auch von einem Menschen, in einen biologischen Stillstand überführen, und dann liegt sie im Eisschrank und kann dort zwei Jahre überdauern und kann dort nach den gleichen Gesetzen der Naturwissenschaft auch zweihundert Jahre überdauern, und es wird gar nichts geschehen, ehe man sie wieder in Funktion bringt. Es hat sich gezeigt, daß sie dieses funktionslose Ruhestadium, die Einfrierung, ohne Schaden übersteht. Es gibt Hunderte von Menschen heute in unserer Gesellschaft, vor allem in Amerika, bei denen die Keimzelle des Vaters, also die Hälfte ihres eigenen Chromosomensatzes, einmal eine Zeitlang im Kühlschrank gelegen hat. Im letzten Kriege haben mehr als zehntausend amerikanische Soldaten hier in Europa mit ihren Ehefrauen in der Heimat durch Einschaltung des Truppenarztes auf diese Weise ein Kind erzeugt. Diese Kinder leben heute. Mehrere tausend Amerikaner sind durch diese Aktion ins Leben gerufen worden, und man kann das Für und Wider dieser Methode ganz still für sich einmal durchdenken, wenn man dabei in Rechnung stellt, daß von den Vätern sicher viele hier in Europa gefallen sind und nicht wieder zurückkehrten zu ihren Ehefrauen, so daß das Kind vielleicht das einzige ist, das aus dieser Ehe stammt. Man sollte allerdings auch überlegen, ob eigentlich die Liebe zum Mann, die Liebe zum Kind oder die Liebe zu sich selbst das Motiv war, unter dem eine Frau in eine solche Aktion einwilligte. Diese „homologe Insemination“, d. h. Einschaltung des Arztes in den ehelichen Zeugungsvorgang, kann uns im Grunde genommen nicht so sehr erschüttern, denn wir wissen ja, daß ständig und überall der Arzt zu Hilfe gerufen werden muß im Leben eines Menschen. Wer von uns könnte sich rühmen, ohne ärztliche Hilfe bis zu diesem Tage ausgekommen zu sein? Warum sollte also gerade nur an einer bestimmten Stelle – nämlich beim Zeugungsakt – diese ärztliche Hilfe und Einschaltung grundsätzlich ausgeschlossen sein? Sehr viele Menschen fragen so. Aber nun gibt es, da die Technik bereitsteht, auch die Möglichkeit, Keimzellen eines anderen als des Ehemannes zu übertragen, was man die „heterologische Insemination“ nennt. Technisch ist das kein Problem, biotechnisch also gar nicht interessant, aber menschlich, moralisch, wirft es sofort die größten Probleme auf.

Um das Für und Wider einer solchen Methode an zwei Beispielen kurz zu erläutern, möchte ich zunächst an das erinnern, was der Nobelpreisträger Muller im Ciba-Kolloquium vortrug: man möge doch ausgewählte, besonders würdige, männliche Individuen als Spender für Massenvaterschaften mobilisieren. Er fügte hinzu, es wäre ja doch wohl für jede Frau eine große Ehre, ein Kind etwa von Lenin auszutragen. Nun, damit kennzeichnet er vor allem seine persönliche politische Richtung (er hat sich später etwas korrigiert und gemeint, ein Kind von Einstein müßte für jede Frau eine besondere Ehre sein). Wenn wir hören, daß in Amerika männliche Keimzellen in einzelnen Fällen mit 2000 und 5000 Dollar honoriert werden, dann wird schlagartig eine drohende Gefahr beleuchtet: nämlich der abscheuliche Mißbrauch der Wissenschaft und Technik für ein persönliches, offenbar doch stark übertriebenes Prinzip der Bewunderung für einzelne Stars. Wenn wir uns andererseits das Positive an dieser heterologischen Insemination vorstellen wollen, ist auch das nicht schwer. Denken wir nur an alle die erbkranken Menschen, die gewiß sind, einem Kind nur einen kranken Körper vererben zu können. Sollte man sich hier nicht auf die „soziale Vaterschaft“ beschränken, die so ungeheuer wichtig ist für das Heranwachsen eines Kindes, die biologische Vaterschaft der Medizin überlassen und sich nicht weiter darum kümmern, wo letzten Endes diese Chromosomen herkommen, sich aber mit aller Kraft darum kümmern, wohin der Lebensweg des Kindes führen wird, das aus diesen Chromosomen entsteht? Wenn wir das bedenken, können wir eine solche Entscheidung, die gewiß für die meisten von uns eine ungeheuerliche Vorstellung bleibt, doch in Einzelfällen verstehen. Alle diese Manipulationen sind Möglichkeiten, die als Allgemeine Praxis einer zukünftigen Menschheit undenkbar bleiben. Es sind aber zugleich Möglichkeiten, die in Einzelfällen, als zusätzliches Instrumentar in der Hand eines verantwortungsvollen Arztes, seinen alten gesellschaftlichen Auftrag, zu heilen und zu helfen, erleichtern oder in Einzelfällen erst ermöglichen können.

Wenn man an die Annehmbarkeit der heterologischen Insemination noch näher herankommen will, sollte man sich auch den umgekehrten Fall vorstellen. Denken wir uns, es wären bei einer Frau wegen einer Erkrankung beide Ovarien entfernt worden: sie ist damit, von den Hormonen her gesehen, gewiß auch innerseelisch keine gesunde Frau mehr. Es gäbe nun die Möglichkeit – sie ist ja gar nicht so schwierig –, dieser Frau ein fremdes Ovar einzupflanzen: dann wäre sie wieder eine gesunde Frau mit vollem Hormonzyklus, mit allen ihren weiblichen, den Zyklusschwankungen unterlegenen Eigenschaften. Das wäre also eine eindeutig helfende ärztliche Tat. Aber dieses fremde Ovar in ihrem Leibe würde nun auch Ovulationen haben, und diese Frau könnte ein Kind gebären. Das Kind hätte dann zwar ihren Ehemann als Vater, aber nicht sie als biologische Mutter. Eine einfache Frau ohne biologische Vorkenntnisse würde es gar nicht wissen, würde es gar nicht merken, vielleicht würde man es ihr auch gar nicht sagen; aber wir würden es doch, wenn wir gefragt würden, zugeben müssen: Chromosomenmäßig stammt dies Kind gar nicht von ihr ab, sondern von der Spenderin des Transplantats. Wir sehen an diesem Beispiel, wie außerordentlich schwierig diese Fragen sind und wie sie überhaupt nur gelöst werden können, wenn man den Einzelfall betrachtet.

Gehen wir noch ein Stück weiter. Man könne außerhalb des mütterlichen Körpers Embryonen heranzüchten, meldeten unsere Illustrierten, und schon vor einigen Jahren hatte ein italienischer Arzt (Petrucci) ganz erstaunliche erste Erfolge damit gehabt. Es scheint, als wenn da die Illustrierten ein wenig zu weit vorgeprescht wären, denn nachdem sich nun, ca. 5 Jahre später, ernsthafte Universitäts-Institute mit diesem Problem beschäftigten, z. B. in Oxford, zeigen sich so große Schwierigkeiten, daß wir rückblickend sagen müssen, Petruccis Berichte können wohl doch nicht gestimmt haben. Heute sind wir aber so weit, daß es unter großen klinischen und instrumentellen Aufwendungen gelingt, eine menschliche Eizelle außerhalb des Körpers in einem Reagenzglas zur Befruchtung zu bringen. Viel weiter geht's dann noch nicht, das sind jedoch nur noch technische Schwierigkeiten. Von dieser ersten erfolgten Befruchtung im Reagenzglas bis zu dem aus der Retorte entnommenen fertigen Säugling ist eine technische Entwicklung zu leisten wie von der ersten Rakete bis zur Landung auf dem Monde. Diese würde sehr viel Geld kosten und ungeheure Anstrengungen erfordern, aber sie ist ein rein technisches, sie ist kein biologisches Problem mehr. Wir müssen also damit rechnen, daß es eines Tages möglich sein wird, eine befruchtete Eizelle außerhalb des mütterlichen Schoßes bis zur Säuglingsreife heranzuziehen. Das kann im Rahmen der Medizin einen großen Fortschritt bedeuten, nämlich die Rettung eines Aborts. Denn nun könnte man einen drei Monate alten oder gar einen drei Wochen alten Embryo retten, der ja nach unserem bürgerlichen Gesetzbuch schon ein Mensch ist und Anspruch auf unseren Schutz hat, in den meisten Fällen auch schon von der elterlichen Liebe getragen wird. Wenn wir uns denken, eine junge Frau verunglückte tödlich, und man könnte aus ihrem Leib den winzigen Embryo – ihr Kind – retten und aufziehen, dann wäre solches Tun wieder eingeordnet in den normalen Auftrag des Arztes, mit allen Möglichkeiten, die ihm die Technik seiner Zeit zur Verfügung stellt, Leben zu retten.

Andererseits brauchen wir nicht besonders viel Phantasie, um uns vorzustellen, was für ein Mißbrauch getrieben werden könnte, wenn die Menschen sozusagen auf dem laufenden Band in Retorten gezüchtet würden. Ich brauche das nicht auszuführen, denn das hat der geniale Schriftsteller und Biologe Aldous Huxley getan in seinem Buch „Schöne neue Welt", das heute schon über 30 Jahre alt ist und ganz exakt die Strömungen der Biotechnik voraussah. Alles, was er geschrieben hat, ist heute technisch möglich oder bereits durchgeführt. Dazu gehört dann eines Tages auch die Ammen- und Gastmütterschaft, von der unsere Illustrierten bereits berichteten: die vielbeschäftigte Frau sei zwar noch bereit, ihr Kind zu empfangen, aber sie müsse es dann durch eine Gastmutter austragen lassen. Hier öffnen sich Irrwege, die von der Biotechnik angeboten werden. Aber denken wir andererseits an das Leid und den Schmerz für eine junge Mutter und Frau, wenn sie eine Totalexstirpation des Uterus erleiden muß, und was es für sie bedeuten würde, wenn man ihr nun doch noch die Möglichkeit geben könnte, ein Kind zu bekommen, das sie zwar nicht selbst austrägt, das aber biologisch ihr eigenes Kind ist.

Es läßt sich klar sehen, daß im Einzelfall die Medizin neue Wege erschließen wird, um den Menschen zu helfen, zugleich aber wird die Gefahr des Mißbrauches dieser neuen Wege immer größer. Das ist ja bei allen Drogen, bei jedem Medikament so. Unsere Industrien können zwar neue Medikamente entwickeln, aber leider können die Erzieher nicht gleichzeitig die neue Sittlichkeit bei unseren Kindern entwickeln, die nötig wäre, um mit diesen neuen Möglichkeiten reif umzugehen. Der Nachholbedarf an persönlicher, sittlicher Entscheidung wird jedoch mit den wachsenden Möglichkeiten immer größer, die Notwendigkeit, erst zu prüfen und sich dann richtig zu entscheiden, wird immer wichtiger. Wahrscheinlich werden wir in späteren Schulen die Kinder gar nicht im Faktenwissen, in Wissenschaft, mehr ausbilden müssen, denn sie haben kleine Computer in der Tasche, und das Konversationslexikon kann man dann mit einem Knopfdruck abfragen. Aber wir werden sie in einem langsamen und mühsamen Prozeß mit aller Kraft, die wir überhaupt als Gesellschaft aufbringen, lehren müssen, sittlich reif zu werden, um zu wissen, wie sie sich selbst zu prüfen haben, ehe sie auf diesen oder jenen Knopf drücken. Für dieses Ziel dürften wir notfalls sogar darauf verzichten, daß sie ganz genau verstehen, was eigentlich technisch geschieht, damit aus dem Knopfdruck die Explosion der Atombombe wird. Wichtig ist es, ihnen klarzumachen, daß von ihrem Knopfdrücken oder Nicht-Knopfdrücken das Heil der Menschheit und ihr eigenes und das ihrer Familie abhängen kann und daß nur das Gesetz der Liebe, der verantwortlichen Liebe zum anderen, uns allen über diese Krise der menschlich-technischen Entwicklung hinweghilft.

Zum Abschluß will ich andeuten, was am Horizont an Möglichkeiten der technischen Manipulierung noch heraufdämmert. Ich sagte, wir leben in der Steinzeit der Geburtenplanung, und nun will ich uns die Bronzezeit vorführen oder gar das Maschinenzeitalter. (Alles das nicht als freie Spekulation eines Biologen, sondern als wissenschaftlich durchdachte Möglichkeit und als bei Tieren bereits großenteils Erprobtes). Wir wissen heute, was beim Frosch funktioniert, das funktioniert meist auch bei der weißen Maus. Ob eine Menschenfrau schwanger ist, kann ihr der Krallenfrosch verraten mit den Funktionen seines Körpers, und die weißen Mäuse können es, und die Heerscharen der weißen Ratten und Meerschweinchen, die zum Wohl des Menschen gestorben oder vergiftet oder erst geheilt und anschließend getötet worden sind. Was beim Tier geht, geht physiologisch grundsätzlich auch beim Menschen. Nun, was geht beim Tier? Ich will es kurz machen: Man braucht überhaupt nicht zu befruchten! Man kann zur „Parthenogenese“ anregen, z.B. ein Froschei ein wenig chemisch reizen, und es beginnt sein Programm abzuschnurren wie eine Uhr, die man aufzieht. Man braucht dazu gar nicht die männliche Gegenportion von Chromosomen. Die Eizelle stellt sich selbst her, teilt sich einmal und verschmilzt wieder, und vollzieht dann allein das ganze Wachstumsprogramm. Man kann aber auch ein Lebewesen herstellen, das keine Mutter hat, sondern nur einen Vater. Denn auch die männliche Keimzelle ist mit ihrem vollen kompletten Programm der Erbinformation für den ganzen Körper durchaus in der Lage, diesen Körper allein zu bilden. Sie muß nur in das richtige Milieu kommen und zur Teilung angeregt werden. Man entfernt dazu aus einem Froschei den Zellkern und läßt dann dieses „taube Ei“ befruchten; es ergibt einen fast normalen Frosch, der nur einen Vater hat, aber keine Mutter. Man kann auch zwei weibliche Eizellen verschmelzen, die von zwei verschiedenen Müttern stammen, und daraus einen Frosch herstellen. Man kann schließlich sogar zwei Väter auf diese Weise zu Eltern eines Kindes machen, und man hat es getan. Man hat aber noch etwas viel Abstruseres, geradezu Wahnwitziges versucht, was allerdings uns Biologen entzückt, weil es uns tiefe Einblicke in das Geschehen des Lebens gegeben hat: man hat den Embryo eines schwarzen Mäusepaares und den Embryo eines weißen Mäusepaares im frühen Stadium durcheinandergerührt zu einem Klumpen von Zellen und den dann einem grauen Mäuseweibchen eingepflanzt: es entstand eine lebensfähige, gesunde, merkwürdigerweise schwarz-weiß gestreifte Maus. Das ist kein Jägerlatein, obwohl ich mich bedenklich diesem Niveau zu nähern scheine, man kann es in der „Nature“ nachlesen!

Es ist unfaßbar und auch für uns Biologen keineswegs restlos erklärbar, wie gewaltig die gestaltende Kraft ist, die in einer einzelnen Eizelle sitzt. Sie wird mit den unglaublichsten Schwierigkeiten fertig. Betrachten wir uns einmal so arge Mißgeburten, wie es manche „Siamesischen Zwillinge“ waren: was dort an harmonisierender Kraft gewirkt hat, ist erstaunlich. Daß überhaupt ein solches Wesen mit zwei Köpfen lebt, daß sich die Adern alle richtig angeordnet haben, so daß dieses Wesen einige

Tage, ja einige Wochen überstehen kann, ist eine erstaunliche Leistung der Erbinformationen. Wenn man andererseits einem Embryo, der mitten im Wachstum ist, die Hälfte seiner Zellen wegnimmt, wird aus dem Rest doch wieder ein ganzer Körper; und wenn man ein paar Zellen dazutut, dann werden diese mit eingebaut. Wir wissen heute, daß die Kraft, die in jeder einzelnen Zelle sitzt, eine volle Leistung vollbringt, sowie es gelingt, sie an ihr „Programm" zu erinnern. Auch eine Zelle, die nicht Keimzelle ist, sondern an unserer Nase oder in unserem Auge sitzt oder an unserem großen Zeh, hat diese 46 Chromosomen, in denen wir als Ganzes beschrieben und erbmäßig erfaßt sind. Wenn es also gelingt, eine solche Zelle wieder dazu zu bringen, ihr ganzes Programm abzuspulen, dann könnte theoretisch aus jeder dieser Zellen wieder ein ganzer Mensch werden. Daß wir überhaupt existieren mit unseren 40 Billionen Zellen, diesem riesigen Staat von Millionen mal Millionen Untertanen, ist nur möglich, weil jeder einzelne dieser „Untertanen" – mit Ausnahme unserer Keimzellen – bereit ist, auf einen großen Teil dessen, was er kann, zu verzichten. Wenn in unserem Körper sich die Zellen der Haut darauf beschränken, nur noch Haare zu produzieren oder im späteren Alter auch das noch lassen, dann sind dies Einschränkungen ihrer „Omnipotenz", wie man in der Biologie sagt, obwohl dieser Ausdruck von den Theologen entliehen ist. Sie wissen aber alle, daß es eine Krankheit gibt, bei der sich einzelne Zellen des Körpers nicht mehr diszipliniert unterordnen, sondern wieder teilweise an ihr Programm erinnern. Dann fangen sie auf einmal an, alles zu tun, was sie können. Sie können sich vor allen Dingen vermehren, als wollten sie einen ganzen Menschen aufbauen. Das aber können sie nicht im Innern des Körpers unter den schlechten Sauerstoffbedingungen, unter den ungünstigen Milieuverhältnissen; sie werden daher nur eine Geschwulst bilden. Wir wissen, welche schlimme Krankheit das ist und wie sie sich im Körper ausbreitet, wobei dann die Metastasen nichts anderes sind als einzelne Zellen, die in perverser Weise sich wieder daran erinnert haben, daß sie eigentlich alles können, und die einen ganzen Körper bauen wollen. Es wird kein ganzer Mensch, sondern es führt zur Zerstörung des ganzen Menschen.

Hier hat die Wissenschaft nun eingesetzt und gesagt: Wir nehmen eine Zelle aus ihrem Körperverband heraus und geben ihr die schönste Umgebung, die sie haben kann und lassen sie nun wachsen. Und wirklich, es geschieht dann das, was die Biologie fordern mußte: es entsteht noch einmal das ganze Lebewesen. Man hat das zunächst erfolgreich mit Mohrrüben erprobt. Das Ungewöhnliche und höchst Erfreuliche ist, daß man aus einem Stück Haut der Mohrrübe wieder eine ganze Mohrrübe wachsen lassen kann. Dann ist man weitergegangen in England und in Rußland und hat Körperzellen aus Fröschen herausgenommen (eine Augenzelle eines Frosches in Moskau und eine Zelle aus dem Darm eines Frosches in England), hat sie isoliert, am Leben gehalten, ernährt, bestrahlt. Und sie fing an, sich wieder zu „erinnern" an alles das, worauf sie schon verzichtet hatte, weil sie ja Augenzelle oder Darmzelle sein mußte. Sie begann wieder das ganze Programm abzuspielen und wurde zu einem kompletten normalen Frosch. Es ist ein nachträglich künstlich hergestellter eineiiger Zwilling dieses betreffenden Lebewesens. Verlassen wir dieses Schreckenskabinett mit der Aufgabe, uns einmal vorzustellen, was passieren könnte, wenn es auch beim Menschen möglich wäre, nachträglich einen eineiigen identischen Zwilling herzustellen!

Alle diese Dinge brauchen wir nicht neu zu überlegen, denn es gibt eine ganze Industrie, die diese Überlegung für uns erledigt, das ist die der Science-fiction, der Zukunftsromane. Da finden wir das alles schon durchexerziert. Aber die Biologen wollen sich nicht übertreffen lassen und sind in die vordere Front getreten und noch einen Schritt weitergegangen, als es die Autoren dieser Romane konnten. Josua Lederberg, der amerikanische Nobelpreisträger für Molekular-Biologie, hat diese Möglichkeiten konsequent zu Ende gedacht, und seine Vorstellungen sollen daher für uns der Abschluß des Rundganges durch das Mögliche und das hoffentlich Unmögliche sein. Er sagt: Warum eigentlich diese langweilige Methode, der immer gleich vielen Chromosomen vom Vater und von der Mutter einer Art? Wenn wir einmal die Möglichkeit haben, im Reagenzglas Organismen heranzuziehen, wenn wir also selbst diese Chromosomen am Anfang zusammenfügen, dann ist doch hier die Gelegenheit für ein großartiges Experiment. Tun wir doch einmal zusätzliche Chromosomen hinein! Das geht im Prinzip, denn es gibt Menschen mit einem zusätzlichen Chromosom, und die sind keineswegs alle mongoloid. (Es ist unter je 10 000 Menschen immer mindestens ein normaler mit einem oder gar mehreren zusätzlichen Chromosomen.) Der Mensch wird daher mit gewisser Wahrscheinlichkeit auch vertragen, wenn man auf einem frühen Stadium, nämlich in den Keimzellen, ein tierisches Chromosom dazutut. Denn die Transplantation von fremdem Eiweiß ist nur beim Erwachsenen so schwer, bei Embryonen ist sie viel einfacher, und in diesem Frühstadium ist sie sogar notwendig, denn die weiblichen Keimzellen erwarten ja das fremde Eiweiß der männlichen Keimzellen, um überhaupt in die Entwicklung einzutreten. Auch die Barriere der Art, zum Gorilla oder Schimpansen hin, ist in diesem frühen Stadium wahrscheinlich leicht zu durchbrechen. Darum sagt Lederberg: Wir müssen eine neue Wissenschaft gründen, eine experimentelle „Algenie". (Das klingt nach Alchemie, es soll uns daran erinnern, daß auch dort nicht geforscht wurde, um die Welt zu erkennen, sondern um sie zu verändern.) So meint Lederberg, wir werden in Zukunft „paramenschliche Infanten" züchten, Haushaltssklaven, dumm genug, um alle Arbeit gerne zu tun, schlau genug, um jeden Befehl zu verstehen, aber nicht schlau genug, um dagegen zu revoltieren. Wir werden für alle Aufgaben, die wir selbst nicht erledigen wollen, neue Lebewesen züchten. Wir werden das im Experiment vollenden, was unsere Vorväter in der Tierzucht ganz bescheiden begannen, werden alles mischen, was sich verträgt, und werden sehen, was dabei herauskommt. Lederberg sagt wörtlich: „Wir werden sicher bald eine wissenschaftliche Arbeit lesen ‚Über die Auswirkung des Chromosoms 23 des Schimpansen auf das menschliche Gemüt‘ oder ähnliches.

Furchtbare Perspektiven, aber notwendig, sie zu sehen! Wir müssen ja nicht nur wissen, wo wir heute stehen, wir müssen nicht nur sehen, wo wir mit Gewißheit hingehen, wir müssen auch wissen, wo der Weg hinführen könnte und wo wir doch ganz sicher nicht hin wollen. Lederberg selbst hat die Frage, was man denn nun mit solchen paramenschlichen Infanten eigentlich anfangen soll, immerhin noch berührt. Er schreibt: „Wie aber bestimmen wir für den Menschen, was ihn von solchen paramenschlichen Infanten abgrenzt? Praktisch gesehen, werden die gesetzlichen Vorrechte der Menschheit auch für die Objekte bestehenbleiben, die dem Menschen genügend ähnlich sind, um sein Gewissen zu fesseln, und deren Unterhalt nicht zu viel kostet.“ Hier wird unterkühlte Sachlichkeit, die einen Forscher ziert, zum Zynismus, der eine ganze Wissenschaft in Gefahr bringt, ihre kulturelle Glaubwürdigkeit zu verlieren. Hier ist der Ort, wo jeder von uns, ob selbst Wissenschaftler oder nur „Endverbraucher“ der Wissenschaft, zur persönlichen Entscheidung aufgerufen ist. Gewiß bedeutet es immer eine schwierige, oft eine qualvolle Anstrengung, persönliche Grenzen zu setzen und zu sagen: bis hierher und nicht weiter! Stets gibt es Argumente, die solche Entscheidungen revidieren möchten, die gute Gründe parat haben, sie zu verschieben und die Grenzen anders zu setzen. Aber irgendwo muß die Grenze sein, irgendwo beginnt unsere Funktion als Hüter solcher Grenzen. Und dieses Setzen der Grenzen ist der eigentlich königliche Akt unserer Bestimmung, der allein unser Tun zum Widerhall göttlichen Handelns erheben kann; eines Handelns, dessen sich Gott vor Hiob rühmte, als er ihn daran erinnerte, wer der Erde „das Maß gesetzt“ und dem Meer die Grenze gab „und sprach: Bis hierher sollst du kommen und nicht weiter“.

Allein von einer solchen Besinnung kann Rettung kommen vor einer Zukunft, die nie beginnen darf. So wollen wir den Ausblick auf eine Zukunft, die schon begonnen hat, mit einem Wort schließen, einem Stoßseufzer, ja mit einem Gebet: Möge der Gott, der uns die Ebenbildlichkeit mit ihm verheißen hat, der uns und den kommenden Generationen die Last der Verantwortung aufbürdet, ihm in seiner Allmacht ähnlicher zu sein, als es Menschen jemals früher waren – möge er auch so gnädig sein, uns alle ihm ein wenig ähnlicher werden zu lassen in dem, was mehr ist als alle Technik und Wissenschaft, ja als alle Vernunft: in der Güte und Liebe, mit der wir unsere Macht ausüben.

Gestaltung der Zukunft – Was wird aus dem Menschen?

Einsichtiges Handeln – so sagt der Biologe Adolf Portmann – ist neben der Sprache und dem aufrechten Gang das Wesensmerkmal des Menschen. Mit der Möglichkeit, bewußte Einsicht in die Folgen seiner Handlung zu erlangen, mit der Möglichkeit, einzugreifen in den Ablauf der Ereignisse, tritt der Mensch als „erster Freigelassener der Natur" aus der paradiesischen Geborgenheit vorgegebener Instinktabläufe heraus und zugleich in seine Geschichte ein. Nicht daß er bei diesem Marsch in seine Zukunft – in das, was wir rückblickend seine Geschichte nennen – die Natur hinter sich zurückließe wie eine abgestreifte Hülle; er trägt sie unentrinnbar und unaufgebbar in sich, wächst aber doch in jedem Augenblick „einsichtigen Handelns", in jeder kulturellen Tat über sie hinaus.

Wie das im einzelnen geschah, darüber gab für Jahrtausende die Genesis ausreichende Auskunft – und wir wären blind, wenn wir nicht auch heute noch in dem Mythos von Paradies, Grenzübertretung und Vertreibung, von Sündenfall und Gnade das kraftvolle Wissen um Herkunft und Zukunft des Menschen durchschimmern sähen. Seit aber die Aufklärung uns in ihrem Aufbruch aus der angeblich selbstverschuldeten Unmündigkeit zum zweiten Male aus dem verlorenen Paradies herausführte und jeden Weg zurück durch die gläserne Wand der Entmythologisierung versperrte, gibt es als neue und legitime Art, unsere eigene Herkunft zu erhellen, die Naturwissenschaften.

Dem Biologen fällt statt dem Theologen heute in der Erwartung der Mehrheit die Auskunftspflicht über die Menschen zu, da man von ihm, der den Schlüssel zur Vergangenheit besitzt, verlangt, daß er die Tür zur Zukunft aufschließt. Der Biologe tritt damit ein Erbe an, daß er nicht ausschlagen kann, das aber bei näherer Betrachtung neben reichen Guthaben auch Verbindlichkeiten enthält, deren Einlösung seine Kraft übersteigt.

„Gott ist tot", so hat uns diese Aufklärung belehrt, und so versichern uns heute zu unserer Verwunderung selbst manche Theologen. Aber wenn es wirklich so scheint, als wenn der alte Gott des „Du sollst!" nicht mehr in unsere moderne, emanzipierte und mündig gewordene Zeit paßt, so hat doch gerade die Naturwissenschaft – ob sie es wollte oder nicht – in dem von ihr geschaffenen Weltbild den noch viel älteren Gott des „Es werde!" freigelegt. Sie hat das statische Bild der in sich und in ihm ruhenden Welt verwandelt in die Erkenntnis vom Werden der Dinge, vom Wachsen des Menschen, von seiner Geschichtlichkeit. Und das heißt zugleich: von der Zukunft, die in der Vergangenheit gründet, ohne zwangsläufig aus ihr zu folgern.

Die *Evolution,* das frühe Wissen der Mythen und der ionischen Philosophie, sie ist die große Wiederentdeckung spät in der zweiten Hälfte des zweiten christlichen Jahrtausends; sie hat Physik und Astronomie, vor allem aber die Biologie aus dem Dornröschenschlaf beschaulicher Naturbetrachtung geweckt. Die Evolution hat wie ein mächtiges Zauberwort die Dinge aus ihrer Erstarrung gelöst, läßt uns heute das Weltall und das Leben, die Herkunft der Tiere und Menschen als einen Prozeß begreifen, dessen tiefstes „Warum" uns Biologen zwar verborgen bleibt, dessen „Wie" aber zunehmend deutlich wird. Dieser Fluß des Geschehens, den die moderne Naturwissenschaft beschreibt, ist in die Zukunft gerichtet, und so ruht heute auf ihr die Hoffnung, die früher vom delphischen Orakel oder aus der biblischen Apokalypse den Einblick in das noch Ungeschehene erwartete und damit die Gestaltung der Zukunft.

Die Tierarten wandelten und entwickelten sich, so erscheint es uns Biologen, indem Mutation und Selektion aus dem Material der lebenden Form im Fluß der Evolution Neues schufen. Der Mensch aber mutiert nicht, er *schafft* selbst, er ist – wenn wir die Wirklichkeit eines ersten Schöpfers anerkennen wollen – in der Tat ein zweiter Schöpfer. In allem aber, was menschliche Kultur von ihren primitivsten Anfängen her radikal vom Tier unterscheidet und in eine eigene Dimension verweist, in allem bewußten und einsichtigen Handeln wird *Zukunft* gestaltet. Der Faustkeil, den der Urmensch mit sich trug, zielte bewußt auf die künftige Begegnung mit Feind oder Beute, das am Tage unterhaltene Feuer zielt auf die folgende kalte Nacht, der Vorrat auf den kommenden Winter; die Saat meint die Ernte, die Grabbeigabe soll die Zukunft der Toten gestalten und der magische Zauber die Zukunft der Lebenden. Zukunft wird so zur eigentlichen Dimension menschlichen Handelns, Gestaltung der Zukunft zum eigentlichen Anliegen aller menschlichen Gegenwart.

Dabei bleibt diese Zukunft zunächst trotzdem das Unverfügbare, numinos und allgewaltig wie das Meer, auf das sich der Mensch mit zerbrechlichen Schiffen wagt und doch nicht viel mehr tun kann, als die Segel setzen oder raffen und sich mit aller Kraft ins Steuerrad stemmen. Dann aber beginnt in einem sich allmählich steigernden, zuletzt rasenden Tempo die Gewalt und die Tragweite menschlichen Eingriffs, die Möglichkeit zur Manipulation, anzuwachsen. In der Technik ist uns dieser Fortschritt vom Ochsenkarren zur Mondrakete vertraut, obwohl es Nachdenkliche gab – etwa den Nobelpreisträger Max Born –, die darin wohl einen Triumph des Verstandes, aber zugleich eine Niederlage der Vernunft erblicken wollten. In der Medizin dagegen ist die absolut neue Dimension unbestreitbar. Gesundheit gehört heute fast schon zu den verbürgten Grundrechten, und eine phantastisch perfektionierte Heilkunde erhält mit Operation und Medikament zumindest in den westlichen Zivilisationszentren Millionen von Menschen am Leben, die nach den Gesetzen der Natur langst zum Tode verurteilt waren.

Aber der Mensch bekämpft nicht nur die Feinde seines Lebens, die Krankheiten, erleichtert nicht nur die Last und die Unbequemlichkeit seiner Existenz und macht sich so die Erde untertan, er legt wirklich wie ein zweiter Schöpfer die Hand an und schafft Neues. Kulturpflanzen und Haustiere sind Lebewesen, die es vorher nicht gab und die als seine Geschöpfe nun für ihn da sind, um ihm zu dienen. In den Labors schafft er chemische Verbindungen, die es nie vorher gab, Werkstoffe für seine Technik, Drogen für den Eingriff in seinen Körper und seine Seele, Stärkung oder Rausch, in jedem Fall: Eintritt in Regionen, in denen er sich weit über die Bedingungen der ersten Schöpfung, der Natur, erhebt. Und schließlich gelingt ihm die Einsicht in diese Bedingungen selbst, schließlich macht er im System der Naturwissenschaften die Welt und sich selbst weitgehend durchsichtig, so daß das Räderwerk der Ursache-Wirkung-Gefüge erkennbar wird. Er lernt es, einzugreifen in diese Mechanismen, sie nach eigenem Willen zu lenken und zu biegen, dort zu bremsen, hier zu beschleunigen und an wieder anderer Stelle durch künstliche Systeme zu ersetzen.

Zukunft wird nun nicht mehr gestaltet, indem natürliches Unheil verhindert wird, sondern die Schöpferkraft des Menschen beginnt, der eigenen Natur und ihren Gesetzen den Gehorsam zu kündigen. Zukunft soll nun gestaltet werden, um natürliches Heil zu schaffen und damit zugleich alles jenseitige Heil überflüssig zu machen. Kann vielleicht hier, jenseits von Eden, mitten zwischen den Disteln und Dornen des um seinetwillen verfluchten Ackers, von Adam ein neues, ein Ersatz-Paradies geschaffen werden? Könnte man den Tod nicht abschaffen, zumindest durch Einfrieren überlisten? Könnte man nicht den unproduktiven Tiefschlaf beseitigen oder drastisch verkürzen? Könnte man nicht die Fortpflanzung und alle ihre Lasten von der Sexualität und allen ihren Freuden trennen, das Risiko der Geburt, der Erbdefekte vermeiden, gut gefilterte Erbsubstanz von Keimzellen-Spendern künstlich befruchtet und in Retorten oder tierischen Gastmüttern erbrütet heranziehen zu „paramenschlichen Infanten" und gefügigen Haushaltssklaven? Und schließlich: Könnte man nicht durch gezielte Erbeingriffe den Menschen insgesamt anders machen, tauglicher, problemloser und der techischen Umwelt angepaßt?

Zu allen solchen Fragen, die noch vor einer Generation in den Bereich der Utopien gehörten, muß der Biologe heute ein redliches „Ja" sagen: man könnte! Manches zwar kann man heute noch nicht, aber die Wege stehen offen, und die Preise lassen sich berechnen, zu denen man es morgen könnte. Kein Zweifel, daß diese Möglichkeiten der Gegenwart, über Zukunft zu verfügen, den Menschen heute wie niemals zuvor zum „Gestalter" seiner Zukunft machen, Entscheidungen von ihm verlangen, deren Auswirkung unabsehbar ist, und ihn mit einer Machtfülle ausstatten, die unsere Vorfahren allein einem allmächtigen Gott zutrauten. Ist nun die Frucht vom Baum der Erkenntnis reif, stimmt die Verheißung der Schlange, daß wir „wie Gott" sein werden, oder doch, wie der Psalmist meint, „nur ein wenig geringer als die Engel, mit Preis und Ehren gekrönt"? Der Renaissance-Philosoph Pico de Mirandola jubelt in solcher Siegesgewißheit und läßt Gott zum soeben erschaffenen Adam sagen: „Nicht irdisch, nicht himmlisch, nicht sterblich und auch nicht unsterblich haben wir dich erschaffen. Denn du *selbst* sollst nach deinem Willen und zu deiner Ehre dein eigener Werkmeister sein und dich aus dem Stoff formen, der dir zusagt. Es steht dir frei, auf die unterste Stufe der Tierwelt hinabzusinken. Doch kannst du dich auch erheben zu den höchsten Sphären der Gottheit."

Ein sehr unchristlicher Jubel ist das – er erklingt nur ein halbes Jahrhundert vor der Zeit, in der Martin Luther ausruft: „Es ist keine große Ehre, ein Mensch zu sein." Aber es ist zugleich auch ein sehr unrealistischer Jubel, der niemandem heute, ob Christ oder Heide, so recht fröhlich aus der Kehle will, denn es gilt für uns alle die zynische Prophezeiung, die Goethe seinen Mephisto aussprechen läßt: „Dir wird gewiß einmal bei deiner Gottähnlichkeit bange!" Längst ist diese Bangheit uns vertraut, längst hat sich der Verlockung, was wir alles könnten, die Frage zugesellt, ob wir es auch alles *dürfen*, ja seit kurzem fragen wir uns bedrückt, ob wir denn alles durften, was wir schon taten. Nicht, was wir an bewußt Bösem taten, sondern auch: was in guter Absicht oder ohne viel Überlegung, im Glauben an den Fortschritt, im stürmischen Siegeszug von Biotechnik und Medizin, von Industrialisierung und Urbarmachung der Erde geschah.

Nachdem die Biotechnik zunächst die Lebenserwartung des Menschen im letzten Jahrzehnt stetig heraufsetzte, beginnen nun die Rückwirkungen dieses Fortschritts als Smog und Schmutz, als Gift und Abfall in einer Lawine zerstörter Umwelt auf uns zurückzufallen, so daß die Lebenserwartung in den Zivilisationszentren wieder sinkt. Nachdem Technik und Medizin das Leben der Menschen erleichterten und verlängerten, beginnt die Rückwirkung der Technisierung, der Mißbrauch der Medikamente und die ständige Manipulation unserer Existenz zu verdüstern und zu verkürzen. War „Gestaltung der Zukunft" das frohe, helle und hoffnungsvolle Merkmal menschlichen Handelns und zugleich Sieg über drohende Gefahren, so wird nun diese Gestaltung der Zukunft selbst zur größten Gefahr und ihre Mäßigung oder Unterbindung zur einzigen Zukunftshoffnung. Die vier apokalyptischen Reiter, denen eine aufgeklärte Menschheit sich für alle Zeiten entronnen glaubte, treten wieder auf. Sie heißen heute Hunger, Übervölkerung, Umweltkrise, atomare Verseuchung. Sie haben viele Namen: Zivilisationskrankheiten, seelische Störungen, Vergiftungen, genetische Schäden, Mißbildungen und Depressionen. Als unschuldige Opfer sind Rauschgiftsüchtige und Vergiftete die Warnzeichen für eine Menschheit, die sich voll Grauen als eine „Selbstmordgesellschaft“ erkennt. Sind wir dem kleinen Tod von Armut und Krankheit entgangen, um alle zusammen den großen Tod der Menschheits- und Umweltkrise zu sterben? Oder machen diese Warnzeichen nur einige Kurskorrekturen nötig, damit alles wieder in Ordnung kommt, damit der Fortschritt weitergeht und die Gestaltung der Zukunft auch ihre Gefahren wieder meistert und umgeht?

Wir müssen diese Entwicklung im Detail betrachten, um richtig zu verstehen, wie die Hoffnung auf sinnvollen Fortschritt und die Gefahr einer uns überwältigenden Lawine selbstverschuldeten Rückschritts innerlich zusammenhängen. Ein Beispiel aus meinem eigenen Fachgebiet mag das erläutern: da entwässert ein Bauer mit modernen Maschinen in einem stillen Gebirgstal seine Wiesen, damit bessere Weiden für sein Vieh entstehen. Da werden Bachläufe begradigt, um Hochwässer besser abfließen zu lassen, da werden überall im Lande die Abfälle der Haushaltungen und der Spülmaschinen in die Bäche geleitet, um Haus und Hof sauber zu halten. Hier oben soll die Zukunft einfacher, bequemer, sicherer werden – aber im Unterlauf des Stromes, viele Kilometer weiter, vielleicht in einem anderen Lande, tiefen sich die Flüsse ein, die Häfen versanden, und das Leben im Strom erlischt in einer Flut stinkender und giftiger Abwässer, so daß dort unten das Leben schwerer und die Zukunft bedrohlich wird. Alles das ist keine Frage der guten oder bösen Absicht, sondern fahrlässige Kurzsichtigkeit oder mangelndes Bewußtsein der Zusammenhänge. Und auch der umgekehrte Fall, daß ein Strom nach langen wissenschaftlichen Berechnungen mit hohen Kosten in bester Absicht gestaut wird – der Nil am Assuanstaudamm –, zeigte dann im Unterlauf verheerende Folgen, die nicht vorausgesehen wurden. Fehlte es nur an der richtigen Berechnung? Müssen wir nun besser rechnen und planen, um zu entwässern oder zu stauen, um zu begradigen und zu verkürzen? Es wäre ein verhängnisvoller Irrtum, wenn wir die *Schuld* an unserer technischen Misere auf die Technik selbst schöben. Denn alle Schäden, die unser Beispiel am Fluß aufzeigte (und ebenso alle Schäden durch steuernde und eindämmende oder entfesselnde Maßnahmen an den organischen Funktionen unseres Körpers) sind die Folgen unserer eigenen Haltung im Umgang mit der in sich ganz unschuldigen Technik. *Wir* sind kurzsichtig, bequem und egoistisch, *uns* fehlt es am sittlichen Talent, den möglichen Schaden für unseren Nächsten aufzuspüren. Unbedenklich und unbekümmert glaubten wir berechtigt zu sein, uns „die Erde untertan" zu machen, jeder nach seinem technischen Vermögen. Aber die Folgen zeigen uns, daß wir damit unsere Grenzen überschritten und unsere Macht mißbraucht haben. Die eigene Macht zur Bewältigung der Natur hat uns in die Eigenmächtigkeit geführt. Eigenmächtigkeit und Unbekümmertheit aber sind die entscheidenden Fehlhaltungen einer Menschheit, die glaubt, auf vorgegebene biologische und sittliche Gesetze verzichten zu können und die sich selbst neue Gesetze entwirft. Unsere Not ist eine Folge unseres hochmütigen Verzichts auf Transzendenz.

Es ist von größter Wichtigkeit, daß wir diese Fehlhaltung deutlich als unser *Kernproblem* verstehen. Aufgrund dieser Einstellung ohne „religio", ohne Rückbindung an den geistigen Grund, der uns trägt, konnte Kurzsichtigkeit, Bequemlichkeit und Egoismus wachsen und eine scheinbar unbegrenzbare Profitgier sich ansiedeln. Die Naturwissenschaft, vor allem die Ökologie beginnt heute nachzuweisen, wie die Schäden aussehen, die auf dem Boden einer solchen im wahren Sinne des Wortes „unreligiösen" Geisteshaltung entstehen. Diese Schäden haben ein Ausmaß angenommen, daß heute selbst die verantwortungslose Prämisse „Nach mir die Sintflut" eingeholt wird von der Wirklichkeit. „Um uns die Sintflut" muß es heißen, denn wir alle spüren, daß wir selbst und am eigenen Leibe von den Schäden getroffen werden, die wir verursachten. Unter solchen Gesichtspunkten hört der unbekümmerte Egoismus schließlich auf, noch länger wirklicher „Eigennutz" zu sein, denn er nützt niemandem mehr, während die Entwicklung unserer Situation uns beweist, daß verantwortungsbewußte Nachdenklichkeit allein noch echten Nutzen bringen kann. Die Umweltkrise kann wohl mit technischen Mitteln gelöst werden, aber nur, wenn eine allgemeine Bewußtseinswandlung vorausgegangen ist, in der dem einzelnen die Möglichkeit erwuchs, die Folgen seines Handelns für die Zukunft der anderen richtig einzuschätzen, und dazu die Kraft, aus dieser Einsicht zu handeln.

Hier liegt eine eminent wichtige Aufgabe für die Kirche. Wer anders als sie sollte der Lehrmeister sein für die Schärfung unserer moralischen Sinne, für ein neues, unserer Zivilisationsstufe angepaßtes Verständnis des alten Wortes von der Nächstenliebe? In den Evangelien liegt alles bereit, was nötig wäre, um in christlicher Nächstenliebe ein neues Verhältnis zu den Mitmenschen und den Nachkommen in einer voll technisierten Welt zu gewinnen, ein neues Verhältnis zur Schöpfung, mit deren „Untertan-Machung" wir heute auch ihre Hege und ihren Schutz vor Zerfall und Zerstörung übernommen haben. Doch damit nicht genug, sollen wir unseren Nächsten lieben „wie uns selbst", und das heißt in dieser veränderten kulturellen Situation, daß wir auch im Konsum der Technik und Biotechnik für uns selbst nicht dem Moloch der bequemen Gedankenlosigkeit verfallen dürfen, sondern mit wachem Bewußtsein bereit bleiben müssen für die Freiheit, die darin liegt, sich selbst auf den Weg zu machen, statt sich bequem treiben zu lassen. Wer Lungenkrebs fürchtet, sollte nicht auf die Ersatzlunge hoffen oder auf die Antinikotinpille, sondern seine eigene Kraft zum Rauchverzicht sammeln. Wer nicht zu dick werden will, sollte nicht auf Appetitbremser oder chirurgische Dünndarmverkürzung hoffen, sondern die Kraft zum Eßverzicht finden. Wer das Risiko einer unerwünschten Elternschaft fürchtet, sollte nicht allein auf Pille oder gar eine demnächst freizugebende Abtreibung bauen, auch nicht in eine Sterilisation flüchten, wie sie jetzt zunehmend Mode wird, um den „Genuß ohne Reue" zu garantieren, sondern er sollte eine andere Art von Mut erproben: die Demut des Verzichts auf Gewinne, für die er den Preis nicht zahlen will. So erscheinen die alten Mönchstugenden Armut, Keuschheit und Gehorsam bei unserer bangen Frage nach der Zukunft in einem neuen Licht. Statt sie als sinnlose Triebverdrängungen einer repressiven Kirche zu deklassieren, sollten wir sie auch heute – auch ohne selbst Mönche zu sein oder werden zu wollen – als innerseelische Leistungen verstehen und damit als zeitlose Wegmarken einer notwendigen Bewältigung der übermächtigen Technisierung unserer Gegenwart.

Das alles sind sehr unzeitgemäße Ratschläge, in kaum einem modernen Erziehungsbuch wird man sie finden und in kaum einem Biologielehrbuch unserer Schulen, wohl aber in unserem Evangelium. Und darum hat die Kirche heute mehr als jemals vorher die große Aufgabe und redliche Chance, das Unzeitgemäße zu sagen, weil allein dies die innere Not einer Menschheit wenden kann, in der der einzelne den eigentlich menschlichen Umgang mit sich selbst und mit seinem Nächsten zu verlernen droht: den Umgang im Geist der Liebe, die nicht an die eigenen Rechte und die eigene Bequemlichkeit denkt, sondern an den Nächsten und ihn liebt „wie sich selbst". Und schon zeigt sich, daß der unzeitgemäße Rat, den die Kirche gegen alle Zeitströmung zu geben hat, zugleich der einzig zeitgemäße Rat ist. Schließlich kann es heute die Wissenschaft sogar beweisen, wie falsch es ist, die Gestaltung des eigenen Lebens der Technik und der Manipulation durch Pillen und Drogen zu überlassen, und dazu die Betreuung der Kinder den Ersatzpräparaten, den Lernmaschinen und den Bildschirmen. Die Krankenhäuser und die Wartezimmer der Seelenärzte füllen sich mit Leidenden, denen zur Gesundung fehlt, daß sie in der allgemeinen Konsumschwemme und dem bequemen Drang zur Sofortbefriedigung verlernt haben – oder von verunsicherten Eltern nie erlernen konnten –, Wünsche aufzuschieben oder gar um einer übergeordneten Notwendigkeit willen auf sie zu verzichten.

Wenn der Mensch als zweiter Schöpfer bei allen großartigen Möglichkeiten moderner Technik und Medizin Mensch bleibt, dann wird aus einem neuen Bewußtsein der Verantwortung und der Liebe die Gestaltung der Zukunft keine apokalyptischen Reiter mehr kennen, dann wird Technik nicht Fluch, sondern Segen sein. Die Kirche hat hier heute mehr Aufgaben als jemals vorher, denn sie muß helfen, dieses Bewußtsein angewandter Liebe im Alltag zu erwerben und durchzuhalten. Nur wenn sie es tut, gilt auch für die Zukunft weiter, was einst als frohe Botschaft „allem Volke widerfuhr", die tröstliche Mahnung: „Fürchtet euch nicht!"

Aber noch mehr ist nötig zu solcher Furchtlosigkeit als nur die veränderte Einstellung des Menschen zu seiner Umwelt. Wollen wir zu gesteigerten Entwicklungsformen gelangen, wollen wir wirklich werden, die wir sind, so müssen wir uns dringend von einer Illusion befreien, die uns als Fehleinstellung gegenüber uns selbst weitgehend an solcher Identifikation hindert. Es ist die „pseudodemokratische Doktrin", wie Konrad Lorenz es nennt, die apodiktische, vorwissenschaftliche, ja unwissenschaftliche Aussage, daß alle Menschen gleich seien, gleiche Rechte und gleiche Pflichten hätten. Wir rufen nach gleichen Rechten für alle und meinen doch meist nur: weniger Pflichten für uns, wir tragen alle schwer an der Last, wir selbst zu sein, nicht gleich jedem anderen, sondern unverkennbar jeder ein einzelner.

Von der Biologie haben wir zu lernen, daß schon tierische Gesellschaften um so leistungsfähiger sind, je deutlicher sie eine Struktur aus unverwechselbaren einzelnen aufweisen. Der Übergang von der Herde und dem Schwarm zur gegliederten Gruppe, zur handlungsfähigen

Gemeinschaft, vollzieht sich, indem die einzelnen, aus der Solidarität und Ununterschiedenheit der Masse ausbrechend, eine eigene Stellung in der Gesellschaft erringen. Ordnung, Struktur und Wert solcher tierischen Gesellschaften sind abhängig davon, wieweit ihre Mitglieder in der Lage sind, im Zusammenspiel von gesunder *Bindung* an die anderen und ebenso gesunder *Abstoßung* von den anderen ihren eigenen Ort zu finden und zu erhalten. Wieviel mehr gilt dieses Gesetz für eine menschliche Gesellschaft, die mehr sein muß als ein Heringsschwarm, ja die noch entscheidend mehr sein muß als eine noch so hoch strukturierte Affenhorde. Wir sind „allzumal" gesondert voneinander, das wäre die soziologisch-humanbiologische Variante der tieferen, nämlich in Richtung auf Gott hin gesprochenen Worte: wir sind allzumal Sünder. Diese Sonderung ist die eigentliche Wirklichkeit unserer Existenz. Nur sie kann eine menschliche Gesellschaft aufbauen, die mehr ist als eine Tierherde.

Aber der Mensch, so sagt Elliot, ist das Wesen, das wenig Wirklichkeit erträgt. Wir alle ertragen wenig Sonderung voneinander, wir alle erlahmen bald in der existentiellen Anstrengung, wir selbst zu sein, und neigen dazu, uns aufzugeben, uns anzugleichen, einzutauschen und mitzuschwimmen im Strom. Und so lassen wir uns *gleich*machen von Moden und Ideologien, von Massenmedien und Gruppeninteressen. Nur gelegentlich heben wir den Kopf über Wasser in erneuter Anstrengung, wir selbst zu sein, dann trägt uns bald wieder der Strom. Mancher verlernt es schließlich ganz und vergißt, daß es *ihn* gibt, daß es seine Aufgabe, sein Sinn und seine Pflicht ist, *der* zu werden, der er ist. Es gibt überall seelische und intellektuelle Trampelpfade, von denen niemand in unserer Gesellschaft ungestraft ausbricht. Und doch gibt es keine Gesellschaft, die nicht zuletzt von denen geführt und getragen wird, die den Mut haben, sie selbst zu sein und damit anders als die anderen. Gleichheit als höchstes gesellschaftliches Ziel zu erstreben ist aus diesem Grunde fragwürdig.

Solches Streben birgt die Gefahr in sich, kollektiv das kulturelle Nieveau zu senken und Anpassung im Sinne von Verkümmerung mißzuverstehen. Es darf nicht unser Schicksal werden, als manipulierter Heringsschwarm in eine vollprogrammierte Zukunft zu schwimmen.

Aber es gibt noch eine weitere Gefahr für eine menschenwürdige Zukunft, die sich dem Biologen zeigt, wenn er versucht, unsere gegenwärtige Gesellschaft mit den Augen des objektiven Beobachters zu betrachten: Unsere Zeit trägt die Züge einer Krankheit, denn wie anders sollen wir es uns erklären, daß so viele auf der Flucht sind aus einer Gegenwart, die nicht ertragen wird. Als breite Straßen führen die Fluchtwege geistiger Panik heute aus der Gegenwart hinaus, aus der einzigen Dimension, in der wirklich gelebt wird. Zwar gibt es einen großen Teil der Menschheit, der zeitlos, stumpf, in der Zerstreuung lebend, seine eigene Gegenwart verpaßt, sich mit den biologischen Grundbedürfnissen begnügt und andere für sich leben läßt, denen er dabei nur noch auf der Fernsehröhre zuschaut. Die Mehrheit aber ist auf der Flucht. In die Vergangenheit fliehen die Alten, zurück in jene goldenen Zeiten des „damals", als es alle Nöte des Heute noch nicht gab und vor allem die eine große Not des Morgen noch nicht: den Tod. Und an der Gegenwart vorbei in die Zukunft fliehen die Jungen, denen die Vergangenheit – jenes „damals" – nur bitteren Spott entlockt, die ihrer Herkunft und den Rätseln und Verpflichtungen ihrer Geburt den Rücken kehren. Die Gegenwart entvölkert sich oder enthält nur noch die Schlafenden, die Zeitlosen; wer aber soll unseren Topos hier gestalten, wenn alle unterwegs sind in Utopia, im Traumland von Vergangenheit oder Zukunft? Freilich werden uns gerade die ganz Jungen antworten, daß *wir* die Träumer sind und sie die Wachen, denn ihre Flucht *ist* ihr Leben, und unser Verharren macht uns für sie zu Toten.

Die Flucht in die Zukunft, die unsere Gegenwart gefährdet und ihr alle Kräfte raubt, hat viele Richtungen.

Es gibt die psychedelische Zone der Drogen und Räusche, den gefährlichen Weg ohne Wiederkehr, zu dem moderne Rattenfänger unserer Jugend aus der geistigen Heimat hinausführen in das Elend der geistigen Heimatlosigkeit. Nach einer neuen Umfrage nimmt der Rauschgiftkonsum an den Schulen und Universitäten ständig zu – die Spitze der Fakultäten bilden dabei angeblich die Studenten der Theologie! Aber auch Religion selbst kann zur Droge werden; es gibt eine Flucht in die Religiosität, die mit unserem Verständnis von Christentum nicht viel gemein hat: die neue Jesus-Bewegung der kalifornischen Hippies flieht an der Kirche vorbei in eine solche rauschhafte Zukunft. Schließlich aber und am weitesten verbreitet ist die Flucht in die Wissenschaft von der Zukunft, in die Futurologie. Durch den Konsum von Science-fiction, Zukunftsromanen und Filmen auf alle Eventualitäten vorbereitet, erwartet man vom wissenschaftlichen und technischen Fortschritt, daß Zukunft nicht entworfen, nicht frei entschieden, sondern zwingend errechnet werde. Und man vergißt dabei, daß die erste Voraussetzung für berechenbare Zukunft wäre, die Freiheit des einzelnen aufzugeben. Wenn man das tut, wenn man „jenseits von Freiheit und Würde" (wie es der führende amerikanische Behaviorist Skinner neuerdings fordert) in einer Gesellschaft leben will, die sich „Freiheit nicht mehr leisten kann", die alles und jeden manipuliert, *dann* wäre Zukunft allerdings berechenbar, aber sie wäre zugleich nicht länger wünschenswert. Wo eine technisierte Naturwissenschaft zur Heilserwartung und zum Religionsersatz wird, da zerrinnt unsere Chance auf eine menschenwürdige Zukunft. Die Kirche hat solcher Schwarzen Kunst ihre „docta ignorantia futuri" entgegenzuhalten (ihre gelehrte Unkenntnis der Zukunft), nämlich das Vertrauen auf die Möglichkeit der Freiheit für den einzelnen und ihre Hoffnung auf die Gnade ihres Herrn.

Dieser freilich soll im Anmarsch der Wissenschaft – ich möchte sagen: in Verkennung und im Mißbrauch der

Wissenschaft – entmythologisiert werden zur bloßen Mitmenschlichkeit. Doch wer wollte auf *die* bauen in einer Welt, in der man sich „Freiheit nicht mehr leisten kann"? Verhängnisvoller aber als die Entmythologisierung des Guten ist die des Bösen, die fast unbemerkt und wenig betrauert nebenherlief. Ob Gott wirklich tot ist, mag sich mancher noch fragen, aber der Teufel und unser Bund mit ihm, die Schuld, ist eine Sagengestalt wie Klapperstorch und Osterhase. Die Wissenschaft muß alle diese Dienste leisten, und man mißversteht Konrad Lorenz' „sogenanntes Böse" gerne als den Totenschein für das Böse in uns. „Zufall und Notwendigkeit" heißt der neueste Bestseller eines naturwissenschaftlichen Nobelpreisträgers aus Frankreich, und mit seiner Exegese dieser Welt soll endgültig klarwerden, daß es nicht Gut und Böse gibt, daß nicht unsere moralischen Entscheidungen uns schuldig werden lassen, so daß wir der Erlösung bedürften, sondern daß Zufall, dummer, blinder Zufall den letzten Grund der Welt ausmacht. Solche Bücher bringen moralische Entlastung, denn sie versichern uns, daß alle Schuld ein Irrtum sei, daß sie in der höheren Einsicht der Wissenschaft aufgehoben werde. Millionen Menschen greifen nach dieser modernen, wissenschaftlichen Art der Vergebung; es ist ein moderner Ablaßhandel der damit betrieben wird. Und wieder sollte die Kirche, hier ganz besonders eine lutherische, auf der Hut sein, unser Gewissen schärfen helfen und den Mut haben, das Unzeitgemäße und das Notwendige zu sagen. Dieser gigantische Prozeß der Verdrängung der Schuld, ihre Entmythologisierung zu Chromosomenschäden und Fehlprogrammierung durch eine repressive Gesellschaft, nimmt den Menschen ihren edelsten Teil, nämlich ihre moralische Dimension, und macht sie zu dumpfen Maschinen.

Nie war der Geist so nötig wie in dieser geistlosen Zeit, nie ein eindeutiges Bekenntnis zu den Werten hinter aller Zivilisation und Gesellschaft, zu den Werten über aller Rationalität und Wissenschaft so nötig wie heute.

Wenn wir diese Dimension des Metaphysischen nicht wiedererlangen, wenn all unser Streben und alle Wünsche sich in Diesseitigkeit erschöpfen und uns die Mitte unseres Wesens verlorengeht im flachen Tagesgetriebe, dann ist der Mensch und seine Zukunft verloren. Bultmann, der selbst am Beginn des Weges zur Entmythologisierung stand, mahnte: „Den Weg aus der Uneigentlichkeit in die Eigentlichkeit kann nur Gott den Menschen wieder eröffnen." Jeder von uns – die Kirche vor allem – sollte sich bereithalten, selbst den ersten Schritt auf diesem Wege zu tun.

„Gestaltung der Zukunft – was wird aus dem Menschen?" heißt unsere Frage. Fassen wir in vier Punkten zusammen, was ein Biologe seiner Kirche als Antwort zu geben hat.

1. Die fortschreitenden technischen und biologischen Möglichkeiten werden zur permanenten Gefahr für die Zukunft, nicht weil Technik und Naturwissenschaft schlecht sind, sondern weil die Menschen nicht gut genug sind. Eigenmächtigkeit, kurzsichtige, bequeme und egoistische Grundeinstellung führt zur Manipulation am eigenen Leben und an dem des Nächsten und damit zum Unheil. Wir Christen haben hierbei die Aufgabe, das evangelische Liebesgebot im alten Sinne, aber in neuer, der modernen Welt angemessener, erweiterter Form vorzuleben.

2. Eine „pseudodemokratische Doktrin" nimmt die Menschen als gleich, d.h. als in gleichem Maße unfrei, manipulierbar und dem Sog der gesellschaftlichen Zwänge und Modeströmungen unterworfen. Dadurch schwindet dem einzelnen die Kraft und der Mut, er selbst zu sein, sein eigenes Schicksal anzunehmen und zu gestalten. Auf diese Weise kommt es zu einer Verkümmerung individueller Gestaltungsmöglichkeiten, was ein Stagnieren, ja eine Regression des kulturellen Niveaus bedeutet. Zugleich schwinden die seelischen Kräfte der Demut und des Gehorsams gegenüber überpersönlichen Zielen und

Aufgaben. Wir Christen haben hier die Aufgabe, den einzelnen in seinem Recht auf das eigene, das nicht von außen manipulierte Schicksal zu stärken. Wir selbst und die Kirche mit uns sollen vorleben, was es heißt, nicht nach links und nicht nach rechts zu schielen, sondern dem eigenen Auftrag treu zu sein.

3. Die Gegenwart wird nicht gemeistert, weil eine geistige Flucht eingesetzt hat, die die Alten in die Vergangenheit, die Jungen in eine utopische Zukunft entführt und die Mitte unserer Zeit und jedes einzelnen in ihr entleert. Wir Christen und unsere Kirche haben hier die Aufgabe, Träumende zu wecken und selbst aus Träumen zu erwachen. Wir müssen den anderen vorleben, wie eine Gegenwart, die im christlichen Sinne nicht „für den morgigen Tag sorget", die einzig wahre Gestaltung der Zukunft ermöglicht.

4. In einem zweiten, radikalen Aufklärungsprozeß sind Tod und Sünde, diesseitige Schuld und jenseitige Hoffnung verdrängt und durch vordergründige wissenschaftliche oder ideologische Modelle ersetzt. Wir Christen haben die Aufgabe, das Bewußtsein dafür wachzuhalten oder wiederzuerwecken, daß es mehr gibt als irrationale Reste in einem konsequent-rationalen Weltbild, daß unser aller Weg hier und mitten in der menschlichen Gesellschaft, die unser Engagement und unsere Liebe braucht, mehr ist als nur eine Wanderung durch die Uneigentlichkeit dieser Gegenwart. Daß unser Weg hier nach einem Ziel sucht, das jenseits unserer Gegenwart und jenseits unseres Horizonts liegt.

Das alles ist nicht neu – doch die Besinnung auf diese alten Werte und Gewißheiten wäre des Neuen genug. Es wäre – mitten in unserer technisch-biologischen Revolution – eine neue Reformation des Menschen und seiner Kirche, wie sie Kierkegaard in leidenschaftlichen Worten vorhersagte: „Es wird eine furchtbare Reformation werden, mit der verglichen die lutherische Reformation fast nur ein Spaß war; eine furchtbare Reformation, deren

Feldruf sein wird: ‚Gibt es noch Glauben auf Erden?' – und man wird sie daran erkennen, daß Millionen vom Christentum abfallen werden; eine furchtbare Reformation. Denn es ist eine Tatsache, daß das Christentum gar nicht existiert; und es ist schrecklich, daß eine Generation, dic verwöhnt wurde durch ein kindliches Christentum, betört durch die Einbildung, Christ zu sein, wenn sie den Todesstoß empfangen soll, wieder lernen muß, was es heißt: Christ zu werden …"

Nachweis der Erstveröffentlichungen

Glaube an die Wissenschaft
Textentwurf für einen in Vorbereitung befindlichen neuen Katechismus der Vereinigten Ev.-Luth. Kirchen Deutschlands (VELKD). November 1971. (Bisher unveröffentlicht.)

Ich glaube – hilf meinem Wissen!
Aufsatz in der gemeinsamen Beilage von „Publik" und „Allgemeines Deutsches Sonntagsblatt" (6. Juni 1971) zum Deutschen Ökumenischen Pfingsttreffen in Augsburg.

Braucht unsere Gesellschaft eine Kirche?
Ansprache auf dem 14. Deutschen Evangelischen Kirchentag (Stuttgart 1969), Arbeitsgruppe Kirche (Dokum. Dtsch. Ev. Kirchentag 1969, p. 268–272).

Glanz und Elend der Utopien
Überarbeitete Tonbandnachschrift eines Vortrages auf der Michaeliskonferenz 1970 der Kirchlichen Sammlung um Bibel und Bekenntnis in der Ev.-luth. Landeskirche Hannover (Schriftenreihe der Kirchl. Sammlg., Heft 1).

Affe oder Ebenbild Gottes?
Überarbeitete Tonbandnachschrift des akademischen Festvortrags bei der Generalversammlung des Evangelischen Bundes, Ludwigshafen, Okt. 1970 (Jb. Ev. Bd. 1971: 46 bis 61).

Die biologische Zukunft des Menschen
Überarbeitete Tonbandnachschrift eines Vortrages bei der Jahrestagung des Verbandes der Schwesternschaften vom Deutschen Roten Kreuz, Bremen, Mai 1970 (DRK-Schriftenreihe 45: 56–75).

Gestaltung der Zukunft – was wird aus dem Menschen?
Öffentlicher Vortrag vor der Generalsynode der Vereinigten Ev.-Luth. Kirchen Deutschlands (VELKD), Osnabrück, Okt. 1971 (Luther. Monatsbl. 10: 576–581).

Weitere Veröffentlichungen von Joachim Illies

Adams Handwerk
Furche-Verlag

Noahs Arche
Kosmos Verlag

Wissenschaft als Heilserwartung
2. Auflage
Furche-Verlag

Die Affen und wir
Rowohlt-Taschenbuchverlag

Zoologie des Menschen
2. Auflage
Piper Verlag

Feigenblatt und Lorbeer
Verlag Schünemann

Hoffnung auf die Naturwissenschaft?
Verlag Die Waage

Anthropologie des Tieres
Piper Verlag

Nicht Tier, nicht Engel
Texte und Thesen Band Nr. 59
Verlag A. Fromm

Joachim Illies

Zoologie des Menschen

Entwurf einer Anthropologie.
48. Sendefolge der Reihe „Das Heidelberger Studio“.
piper paperback. 227 Seiten

Nach einem Überblick über die mythische, religiöse und philosophische Deutung des Menschen mündet Illies' kritische Wertung in einer Überprüfung unserer gegenwärtigen physischen, psychischen und ethischen Situation. Sprache und Intellekt, Sexualität und Mitmenschlichkeit, Aggression und Moral sind die Themen der Analyse unserer Existenz als einzelne und im Miteinander der Artgenossen.

„Es ist ein packendes Buch, in dem es über die neuesten Erkenntnisse der Psychologie und vergleichenden Verhaltensforschung hinaus eine Gesamtschau der menschlichen Eigenarten bietet, die nicht nur dem fachlich interessierten, sondern jedem denkenden Leser ungeheuer viel Anregung bietet.“ Die Tat